_________________ 님께

이 책 한 권이

당신의 운명에 등불이

되길 기원합니다.

손 저환

장사 교과서

– ② 매장편 –

변화하지 않는 매장의 생명은 끝이다

장사 교과서 ② 매장편

초판 1쇄 인쇄 2023년 11월 17일
초판 2쇄 발행 2023년 12월 26일

지은이 손재환

발행인 백유미 조영석

발행처 (주)라온아시아
주소 서울특별시 서초구 방배로 180 스파크플러스 3F

등록 2016년 7월 5일 제 2016-000141호
전화 070-7600-8230 **팩스** 070-4754-2473

값 18,000원
ISBN 979-11-6958-088-5 (13320)
세트 ISBN 979-11-6958-080-9 (14320)

변화하지 않는 매장의 생명은 끝이다

손재환 지음

장사 교과서

추천의 글

한국능률협회 컨설팅디렉터
황창환

우리나라에는 수많은 사장님이 소신껏 현장에서 열성적으로 사업을 하고 있습니다. 이른 아침부터 늦은 시간까지 직원들과 함께 최선을 다해 일하지만, 대부분은 고전을 면치 못 합니다. 성공과 정착은 어렵고, 어렵사리 시장에 정착한 사업도 얼마 안 돼 주저앉기 일쑤이고, 지속적인 성장은 더더욱 힘든 것이 현실입니다. 저자는 이를 너무나 안타깝게 생각했고 거기에 어떤 구조적 문제가 있는지를 고민해 왔습니다. 중소기업의 대표로서 자기 일도 버거웠을 텐데, 저자는 아무도 시키지 않았지만 현장에서 사업을 지속적으로 성장시키는 경영의 해법을 찾는 데 몰두했습니다. 참 특이한 사람입니다. 저는 저자와 그런 부분에 뜻이 통해 정기적으로 많은 이야기를 나눴었고, 해법에 대해 진지하게 논의하였었기에 그 생각을 잘 알 수 있었습니다.

그런 저자가 오랜 고민과 노력의 결과라며 원고를 보여주었습니다. 얼른 읽어보니 저자를 닮은 책입니다. 사업의 근본에 집중했고, 거기에 현실 경영과 유연성을 더하였습니다. 중소, 중견기업이 갖추어야 할 경영 원칙과 현장의 원칙, 그리고 시장에서 무서운 경쟁력을 가지기 위한 세부적인 내용까지 담았습니다. 성장과 안정을 절묘하게 균형을 찾아 4권의 책에 배치해 놓았습니다. 평소 날카로움과 부드러움, 큰 비전과 정확한 일 처리, 논리적이면서 열정적인 저자와 꼭 닮은 책이라는 생각입니다.

장사를 하시는 많은 분이 내부에서만 사업의 답을 찾으려고 합니다. 참 안타까운 일입니다. 세상에는 '정해진 미래'라는 게 있습니다. 콩 심은 데 콩 나는 것, 강철 체력 어른이라도 100m만 전속력으로 뛰면 그 다음에는 어린아이에게도 뒤처진다는 것, 철근을 적게 쓴 건물은 균열이 생긴다는 것, 이런 것이 정해진 미래입니다. 제대로 된 사업방식은 정해진 미래로 안내해주는 지침이 됩니다. 저자는 자신의 풍부한 실전 경험과 치열한 연구로 그것을 알려주면서 사장, 고객, 직원, 매장의 핵심 주제를 다룹니다.

이 책은 지식을 넘어서 사업가의 생각과 인사이트를 꼬집는 책입니다. **"사업은 모든 것에 집중하는 것이다"**라는 저자의 말처럼 이 책을 통해 새로운 시각과 실천이 생겼으면 좋겠습니다.

시리즈 서문

대전환의 시대, 어떻게 장사할 것인가?

코로나로 인한 비대면 시대를 겪으며 장사하는 사장들이 많이 힘들어하는 모습을 보았다. 이제는 코로나 시대가 끝나고 여행길도 다시 열리고 모임도 시작됐건만 생활은 이전과 똑같지만은 않다. 코로나 팬데믹을 극복하자고 각국의 정부는 통화량을 늘렸고 위드 코로나 시대가 되자 금리가 올라가기 시작했다. 이러한 경제 환경의 변화로 사람들이 쓸 수 있는 실제 돈의 양이 줄었다. 당연히 소비 심리도 예전 같지는 않고 장사하는 사장들은 여전히 힘들다. 변화가 온다는 건 명확한데 어떻게 살아남고 어떻게 돈을 벌 것인지 많은 사장들이 고민하고 있다.

게다가 대형 매장을 하려면 장사하는 직원들이 꼭 필요한데, 그들이 일을 대하는 자세와 생각이 사장과 너무 달라서 곤란한 일이 여기저기서 발생하고 있다. 이럴 때는 시대를 반영하되 기본으로 돌아가서 장사의 본질을 다시 생각해봐야 한다고 본다. 사장의 장사 철학과 라이프 스타일도 재점검해야 한다. "요새 애들 왜 그래"라고 탓하지만 말고 변화의 주체는 사장임을 인지해야 한다.

내가 장사를 시작한 지도 벌써 30년이 넘었다. 20대에 시작해서 30년 동안 많은 어려움과 역경이 있었지만, 장사를 시작할 때부터 항상 변화하려고 노력했던 내 기준이 상황들에 맞게 잘 대처해서 성공할 수 있었다. 사람들은 보통 안정기에 접어들면 이제까지의 고생을 보상받기를 원하는 것 같다. 그래서 많은 사람들이 초심을 잃고 장사의 기본과 처음의 고마운 마음을 잊은 채 밖으로 돌기 시작한다. 안타깝게도 그게 내리막의 시작이라는 건 인지하지 못한다.

그래서 장사한 지 5년 정도 지나면 의욕도 떨어지고 자신감도 떨어진다. 고객관리가 잘 안 되고, 잘 된다고 해도 경쟁 매장이 생겨버리면 내리막이 시작된다. 이 책은 장사를 처음 시작하려는 사람을 위한 책이기도 하지만, 초심으로 돌아가 장사를 업그레이드하려는 사람을 위한 책이기도 하다. "저는 5년 동안 매출 바짝 올려서 권리금 받고 팔 거예요" 하는 단기간에 대박을 꿈꾸는 사장이라면 이 책은 맞지 않다. 장사를 천직으로 알고 잘되는 장사를 오랫동안 지속하고 싶은 사람을 위해서 나의 장사 철학과 운영 노하우를 공개하고자 한다.

어느 날 누군가 말했다. “사람은 두 부류로 나눌 수 있다. 하나는 보살이고, 또 하나는 군자보살이다. 일반적인 보살은 나의 고생을 보상받기를 원하고 이만하면 내 인생을 즐기면서 맛있는 것 먹고 여행 다니고 편하게 살기를 원하는 사람이다. 군자보살은 내가 이룬 성공을 나 혼자에 만족하지 않고 많은 사람들에게 성공할 수 있는 방법과 노하우를 공유해서 타인의 성공을 도와주는 삶을 살아가기를 원하는 사람이다.”

이 말을 듣는 순간 나는 앞으로 새로운 삶을 살아갈 수 있겠다는 희열을 느꼈다. 나도 뭔가 세상에 도움을 줄 수 있는 사람이 될 수 있다고 생각했기 때문이다. ‘나는 군자보살이 되어야겠다. 그래서 다른 사람들의 성공을 도와야겠다. 그러면 무엇을 할 수 있을까?’ 고민을 많이 했다. 가만히 보니 장사의 경험과 노하우를 책에 담아 사람들에게 주는 것은 내가 할 수 있겠다고 생각했다. 그래서 그것을 이처럼 행동으로 옮겼다.

장사를 처음 시작하는 사람들은 보통 장사를 쉽게 생각한다. ‘장사 그거 아무나 할 수 있잖아? 그냥 물건 잘 만들어서 팔면 되겠지.’라고 너무 쉽게 생각한다. 하지만 막상 장사를 해보면 참으로 어렵다. 고도의 심리전이 필요한 게임을 반복하는 것 같다.

가장 흔한 착각 중 하나는 장사와 사업을 혼동하는 것이다. 장사와 사업은 완전히 다르다. 그런데 사람들은 장사와 사업을 같은 것으로 보는 경향이 있다. 장사와 사업에는 많은 차이가 있지만, 그중에서 가장 크게 다른 점은 장사는 아주 깊은 것이고 사업은 넓은 것이다. 장사에서의 사장은 매장에 항상 있으면서 아주 깊이 숨어 있는 고객의 마음을 읽어내야 한다. 하지만 사업에서의 사장은 밖으로 많이 다니면서 인맥도 넓히고 비즈니스 영역도 넓혀가야 하기 때문에 사무실에 항상 머물러 있지 않아도 된다.

어떻게 보면 사업보다 더 어려운 것이 장사라 할 수 있다. 장사는 참으로 변화무쌍하고 다양한 고객의 마음을 하나하나 헤아릴수 있어야 하기 때문이다. 사람의 마음은 아주 사소한 말 하나, 행동 하나에 갑자기 순식간에 변해버린다. 그 변화는 다채로우며 그 변화를 파악하는 것은 아주 힘들고 그 변화에 대응하는 것은 엄청 어려운 일이다. 이것을 풀어내는 것은 보통 머리로는 할 수 없다. 장사머리와 공부머리는 확실히 다르다고 말하는 사람이 많은데, 나 또한 30년간 장사하면서 내린 결론 역시 그렇다. 공부를 잘하기 위해 유명한 스타강사에게 배우듯이 장사도 반드시 유능한 사장에게 배워야 한다. 그래야 성공확률이 높아진다.

장사는 사실 아무나 하는 것이 아니다. 그래서 장사도 공부처럼 체계적으로 배워서 해야 한다고 나는 항상 주장한다. 그런데 막상 배우려 해도 장사를 가르쳐주는 곳이 별로 없다. 있다 해도 깊이 있는 내용을 찾기가 힘들고 그저 성공을 위해 롱런하는 장사 방법이 아닌 아이디어로 단기간 매출을 올리는 장사의 스킬을 담은 책을 구할 수 있는 정도인 것 같다.

나 또한 어렵고 힘든 상황에 있을 때마다 누군가에게 묻고 싶었고 배우고 싶었다. 답답하면 서점에 가곤 했는데 경영 책이나 해외 저자가 써놓은 책들을 보면서 나에게 적용해보곤 했다. 그러다가 '한국에는 오래된 실전 경험을 가지고 배움을 나눠주는 사람들이 많지 않은 것 같다. 내가 30년간 경험한 성공할 수 있었던 노하우를 바탕으로 한국의 대표 장사 이론을 세워야겠다.' 그렇게 마음먹고 내 생각을 적어보기로 했다.

장사라는 일이 성립하려면 장사를 결심하고 운영할 '사장'이 있어야 하고, 장사할 공간으로 '매장'이 있어야 하고, 구매를 해줄 '고객'이 있어야 하고, 고객을 응대할 '직원'이 있어야 한다. 이 네 가지 구성요소가 어울려져 잘 되는 장사 집이 탄생하는 것이다. 이 네 가지 주제를 가지고 30년 장사 통해 깨달은 경험과 노하우를 4권의 책으로 정리해 보았고, 장사를 본질을 알고자 하는 사람들과 함께 내용을 공유하고자 한다.

장사의 본질은 시대와 지역을 초월하여 예전이나 지금이나, 해외나 국내나 다르지 않고 변하지 않는다고 생각한다. 부족한 이 책을 통해 장사의 본질을 잘 깨우치고 변화의 흐름에 잘 적응할 수 있는 사고방식과 용기를 얻길 바라며, 시대, 지역, 트렌드 등 여러 가지 걱정 때문에 장사를 시작하지 못하는 예비사장님이나 내리막길에 접어들어 한숨 쉬며 고민이 많은 현재 사장님께도 도움이 되길 바란다.

또한 글로벌 비즈니스나 해외에서의 장사 또한 조건이 다를 뿐 장사의 본질은 같으니, 이 책을 통해 다시 한번 장사를 계획하거나 초심으로 돌아가 처음부터 하나하나 깊이 생각해 보는 시간이 되었으면 한다.

힘들고 어렵고 외로울 때 장사하는 사람들이 나의 경험과 생각을 정리한 이 책들을 통해 들여다보고 위안을 받고 영감을 얻어 힘들어도 다시 용기를 냈으면 좋겠다. 그런 용기와 행동이 반복되면 장사에도 내공이 생겨 반드시 성공할 수 있다고 확신한다.

그리고 만약 이 책을 통해 어느 정도 장사에 성공한다면 매출만바라보지 말고 이 책을 처음 선택했을 때의 심정으로 '나는 주변 사람들, 고객에게 무엇을 어떻게 도와줄 수 있을까? 나는 이 세상을 살아가며 조건 없이 무엇을 공유할 수 있을까?'라는 생각을 하며 장사하는 마음도 생기길 바란다.

아무쪼록 이 4권의 장사 책 시리즈 덕분에 대한민국에서 장사에 성공하는 사람이 많아졌다는 말을 들을 수 있기를 간절히 기원해본다.

프롤로그

입지 좋고 인테리어만 잘 하면 끝?

장사를 시작하는 사람에게 첫 번째로 필요한 것은 어떤 장사를 할 것인지 선택하고 기술을 배우는 것이다. 두 번째로 필요한 것은 기술을 구현하고 돈을 벌 장소를 구하는 것이다. 지금은 SNS 때문에 매장에 대한 개념이 좀 바뀌었지만, 예전에는 매장이란 무조건 눈에 잘 띄어야 했다. 업종마다 다르긴 하지만 상권이 좋아야 하고 사람들이 많이 다니는 길목에 있어야 했다. 그런데 요즘에는 눈에 안 띄어도 잘 되는 데가 많다. SNS 마케팅으로 보완할 수 있기 때문이다. 이제는 자금을 쓸 때 A급 상권의 매장을 얻는 데 돈을 쓸 것인가, SNS 홍보비로 돈을 쓸 것인가, 선택할 수 있는 옵션이 생겼다.

그래도 장사하는 사람 입장에서 매장은 역시 자리가 가장 중요하다. 장사를 준비하고 있는 사람에게 제일 걱정하는 부분을 오픈시켜 보면 '어디에 할까', '어느 정도 규모로 할까'가 많다. 대부분은 없는 돈에 장사를 시작하는 경우가 많으니까 한정된 자금을 가지고 고민이 커진다. 자리 좋은 데 가서 작게 할 것인가, 자리가 외지더라도 크게 하면 좋을까, 처음부터 제대로 된 걸 할까, 작게 시작해서 손님이 늘면 옆 가게까지 확장해서 크게 키울까, 그런 걸 고민할 것이다.

나에게 프랜차이즈 상담을 요청해 오는 사람들이 가장 궁금해하는 질문이 있다. “내 예산이 이만큼인데 몇 평까지 할 수 있어요?” 그러면 돈에 맞춰서 자리를 구해주기는 하는데, 사실은 그게 참 위험하다. 자금보다는 내가 ‘기술이 있는가’ 유무에 따라서 자리를 어디로 할 것인지 정하는 것이 가장 현명하다. 기술도 없는데 돈에 맞춰서 자리를 잡으면 망할 확률이 높다.

만약 제빵사가 5억 원 자금이 있는데 실력이 있으면 외진 자리에서 매장 100평 규모로 키워서 해도 된다. 빵공장 콘셉트의 매장들이 대표적인 예인데, 그런 건 자리보다 규모가 중요하다. 그러나 내가 실력이 없다면 입지 좋은 곳에 매장을 얻는 것이 중요해진다. 장사를 하겠다고 결심했을 때 기술을 얻는 것이 가장 중요한 이유는 여기서도 찾아볼 수 있다. 기술이 떨어지거나 평범하다면 자리는 좋은 데 잡고 대신 친절함으로 승부해야 한다.

예를 들어 파리바게뜨 매장을 하기로 했다면 자금과 입지가 더 중요하다. 그런데 나만의 특별한 빵 기술이 있다면 좋은 입지에서는 돈이 많이 드니까 외곽으로 빠져서 규모로 승부수를 던진다. 그럴 때는 굳이 자금이 많이 드는 상권에 자리 잡을 필요가 없다. 같은 돈이면 위치보다는 규모를 중요시하고 굳이 입지를 따지지 않는다.

매장관리에 대해서 이야기하겠다고 하면 "그냥 인테리어 잘 해놓고 좋은 제품 갖다 놓으면 되는 거 아냐?"라고 생각하는 사람도 있다. '매장=인테리어'라고 생각해서 요즘 유행하는 걸로 잘 찾아서 돈을 쓰면 세팅될 것이라고 생각하는 것이다. 이런 사람들은 같은 맥락에서 "직원은 알바를 쓰면 되는 거 아냐?" "고객은 친절하면 되는 거 아냐?" 하고 쉽게 생각한다.

매장에 대해서는 '어떻게 매장을 보여줄까' 하는 외관이 중요하다는 선입견이 있다. 물론 맞는 말이지만 동선, 제품 디스플레이, 조명, 간판 등은 기본적으로 세팅해놓는 것이고 고객이 일단 들어오게 하는 요소일 뿐이다. 구매를 확정하는 데에는 고객에게 확신을 주는 포인트가 있어야 한다.

매장의 경쟁력은 크게 3가지가 있다. 첫째 럭셔리, 고급스러움 등의 콘셉트를 구현하는 인테리어와 분위기, 둘째 질 좋고 차별화된 제품이나 서비스, 셋째 다른 곳과는 차원이 다른 기술이다. 여기에 매출 하락 방지를 위한 문자 발송, 프로모션 행사 등이 지속적으로 이뤄져야 한다. 왜냐하면 매장은 살아 있어야 하기 때문이다.

매장에서 중요한 것은 어떻게 하면 제품이나 서비스를 최상의 것으로 제공할 수 있을까, 여기에 포커스를 맞추는 것이다. 고객 만족을 극대화할 수 있는 노하우, 처음 와본 고객을 구매까지 연결시키는 법, 계속 재방문하는 충성고객을 만들고 객단가를 높이는 법, 진상 고객을 대하는 법 등을 이 책에서 다룰 것이다. 그중에서도 간과하기 쉬운 것이 있는데 바로 매장 안에서의 대화법이다. 사람들은 이게 결정적인 역할을 한다는 걸 잘 모른다. 대화를 통해 고객이 원하는 것을 정확히 캐치하고 그걸 제공함으로써 신뢰를 높이는 것이 매장관리에서 최우선 과제다.

매장 안에서 오가는 멘트 하나에 따라 고객이 우리 매장에 호감을 느끼고 신뢰할지 여부가 결정된다. 고객 응대를 어떻게 이끌어가는지에 따라 고객은 직원을 믿는 동시에, 그 직원이 대표하는 매장을 믿게 되는 것이다. 대부분 장사 이야기를 할 때 매장의 시스템보다는 제품에 대한 얘기를 많이 한다. 그러나 구매가 결정되기까지는 사람의 마음을 건드리는 휴먼 터치가 큰 작용을 한다.

매장을 살리는 것은 신규 고객과 단골 고객들이다. 성장을 위해서는 둘 다 신경 써야 하며 중요도는 똑같다. 어느 순간 한쪽만 치중하고 한쪽을 무시하면 매출이 떨어진다. 매장을 일종의 플랫폼이라고 생각하면 좋을 것이다. 신규 고객 확대는 어떻게 하면 지나가던 사람이 많이 들어올 것이냐의 문제이고, 단골을 만드는 것은 가두리를 쳐놓고 물고기가 나가는 걸 최소화하는 것과 같다. 간판을 바꾼다든지 광고를 한다든지, 다시 오게 만드는 행사도 주기적으로 기획하고 변화를 준다. 자꾸 재방문하도록 관리를 계속하는 것이다.

지금부터 이 책에서 하는 이야기를 좀 더 잘 이해하려면 매장을 살아 있는 생명체라고 생각해 보면 좋겠다. 내가 현재 운영하는 안경원은 10여 년 동안 7만 명 정도의 고객이 거쳐갔는데, 매장이 이 많은 사람들을 만나는 동안 질리지 않도록 계속 변화를 주었다. 아무리 자장면을 좋아해도 하루 세 끼를 다 먹으면 질려서 한참 동안 찾지 않는다. 이처럼 매장도 항상 똑같은 모습이면 고객들은 질릴 것이다. 게다가 매장도 생명체라고 생각하면, 매장 입장에서도 깨끗이 씻고 싶고 새 옷을 입고 분위기 전환도 하고 싶을 것이다. 그러니 청소도 해주고 간판도 바꿔주고 소품도 바꿔주면서 주기적인 업그레이드를 해줘야 젊음이 유지될 수 있다.

바쁘게 장사하다 보면 아까워서 투자를 잘 안 하는 사람이 많다. 그러나 코로나 비대면 시대를 거치고 나서 많은 사장님들이 변화의 절실함을 깨닫고 있다. 금리가 다시 올라가면서 소비자들이 반 이상 줄었다며 정신 줄 붙잡고 있기도 힘든 사장도 볼 수 있었다. 애초에 고객은 변심이 잦다는 걸 알아야 한다. 아주 사소한 것에도 잘 삐지며 조금만 마음 상하면 그냥 가버린다. 그걸 사장이 컨트롤한다는 게 쉬운 일은 아니다. 그래도 그걸 잘 알아차리면 이탈이 덜 생기고 장사도 잘 될 것이다. 자리가 좋은 매장이면 매출 상승이 쭉쭉 올라가지만, 사장이 좋으면 가속도가 붙고 더 쭉쭉 올라간다. 입지만 좋으면 경쟁자가 나타나거나 환경이 변했을 때 성장이 멈춰버리지만, 사장에게 경쟁력이 있으면 상승이 멈추지 않는다.

이 책은 총 4권의『장사의 원리』시리즈 중 두 번째로, '매장'과 관련하여 30여 년간 장사하면서 직접 겪었던 일, 힘들었던 일, 꾸준히 성공할 수 있었던 노하우들을 정리한 것이다. 장사를 결심하고 매장 오픈을 준비하고 있는 분들에게, 그리고 장사에서 한 단계 도약을 준비하고 있는 분들에게 이 책의 제안들이 체계적인 고민을 하는 데 도움이 되기를 바란다.

손 재환

차 례

Chapter.2
신규 고객을 부르는 프로모션 법칙

Chapter.3
강력한 마케팅의 법칙

Chapter.4

재방문을 부르는 매장관리 법칙

Chapter.5

매장에서 오가는 대화의 법칙

Chapter.6

보이지 않는 숫자의 법칙

내가 심은 나무는
내가 주는 물을
먹고 자란다

The tree I planted grow up as water I give.

Chapter. 1

공간의 법칙

- 어디서 장사할 것인가?
- 대기업 브랜드에 업혀갈 수 있는 곳
- 잠재 고객이 많은 곳을 알아내는 법
- 30년 쌓인 나만의 입지 선정 노하우
- 인테리어는 넓게 보이는 게 일순위
- 나를 도와줄 도우미 딱 한 사람

어디서 장사할 것인가?

좋은 상권이란 교과서적으로 말하면, 수요 규모가 크고 상권 내에 잠재 고객의 수가 많고 고객의 소득 수준과 소비 수준이 높으며 경쟁의 정도가 심하지 않은 곳이다. 세분화된 고객에게 최고의 만족을 주며 지속적으로 매장의 이익을 창출하려면, 고객에게 가치가 있는 것을 일관성 있게 제공해야 한다. 그 가치 전달을 위해서 어떤 핵심 기술을 사용할 것인지 사장은 그 노하우를 확보하고 있어야 한다. 여기서 중요한 대목은 가치를 '일관성 있게 끊이지 않고' 제공해야 한다는 것이다. 이것이 매장이 영속할 수 있는 비법이다.

장사 초보이든 아니든, 매장을 오픈하려면 가장 중요한 건 역시 입지다. 입지 선정을 할 때 주로 고려하는 것은 유동인구,

상권 분석, 상권의 소득 규모 등이다. 대부분의 사람들이 특히 유동인구 조사를 많이 하는데, 평일의 유동인구와 주말의 유동인구가 다른 것도 감안해야 한다. 사람들이 많이 다니는 곳에 매장을 내면 아무래도 매출에 도움이 된다. 문제는 현실적으로 그런 자리는 이미 다른 매장이 자리 잡고 있어서 권리금이 높다는 것이다. 아니면 신축한 건물에 들어가야 되는데, 새 건물은 임대료가 많이 높다.

요즘 장사하는 사람들의 가장 큰 고민은 아마도 임대료일 것이다. 건물주의 비합리적인 요구 때문에 힘들어하는 사장들도 많다. 좋은 입지는 처음엔 매출이 좋을지 몰라도, 시간이 지나면 그 좋은 것 때문에 상상하지 못한 경우의 수가 종종 발생한다.

매장의 입지를 선정할 때는 다른 요소들도 생각해 봐야 한다. **30년 넘게 장사를 해본 결과 매장의 자리를 고를 때 내가 가장 먼저 보는 것은 건물주다.** 그 사람의 경제적 여건이나 자녀들 정보까지 수집해서 판단한다. 자녀 나이가 어린지, 직업이 있는지, 건물주가 다른 건물도 가지고 있는지 등이 내가 장사를 오래 하기 위한 중요한 정보가 된다.

요즘은 임대 기간이 5년이지만 그 5년은 금세 지나간다. 인테리어에 들어간 초기 투자금은 5년을 장사해도 회수하기가 거의 불가능하다. 그런데 5년이 지나서 임대료가 급상승하면 임차인은 어떻게 할 방법이 없다. 어쩔 수 없는 진리는 "집주인 잘 만나는 것도 복"이라는 것이다. 매장의 입지를 정할 때 건물주가 하는 말은 절대 믿으면 안 된다. "괜찮으니까 2년 계약하자"라든가 "나는 임대료 많이 안 올려" 같은 말들은 언제든 손바닥 뒤집듯 바꿀 수 있는 말들이다. 그 때문에 나도 마음을 다친 적이 수없이 많다.

상권의 범위를 넓게 조망하라

매장의 자리를 보러 다닐 때 나는 마음에 담고 있는 지역에 차를 몰고 가서 그 주변을 수없이 돌아다닌다. 지나다니는 사람도 보고 주변 업종도 보고 경쟁 매장도 파악하는 세밀한 관찰에 들어간다. 그 지역을 중심으로 1~2km 권역까지 나의 상권이라 생각하고 고객들을 흡수시킬 수 있는 상권인지 살펴본다. 지금의 지역이 낙후되어 있어도 주변 상권이 좋다면 나는 좋은 입지라고 생각한다.

많은 사람들이 매장이 들어갈 그 자리 주변만 상권이라 생각하는 경향이 있다. 나는 지도부터 살 것을 추천한다. 지도상에 나타나는 여러 가지 도로 상황, 연결 상태를 체크해야 한다. **지도를 계속 보면 상권을 넓게 볼 수 있게 된다.** 대구에서 일하던 내가 처음으로 수도권에서 매장을 알아볼 때도 지도를 하나 사서 전체적으로 상권을 파악하는 데 집중했다.

그다음 눈을 감고 상상을 해본다. 내가 생각하고 판단하는 상권의 범위를 생각해 보는 것이다. 우리가 눈을 감고 생각하면 직접 눈으로 보면서 생각하는 것과는 차원이 다른 범위로 확장된다. 많은 사람들이 상권 분석을 한다고 유동인구 조사를 하는 경우가 많은데, 나는 차량의 이동량을 보라고 조언하고 싶다. 차량의 이동이 많다면 입지 조건으로는 최고다. 이때 조금의 차별화만 있으면 장사를 잘할 수 있다.

요즘은 사람들이 차로 운전해서 이동하기 때문에 차의 이동량을 꼭 체크해야 한다. 그리고 매장 앞에 주차할 수 있는 공간이 있는지를 꼭 확인한다. 아무리 자리가 좋아도 차를 한 대도 주차할 수 없다면 절대 계약하지 않는다. 나는 주차 1대당 월 1천만 원 매출을 보장한다고 생각했다. 예를 들면 그 매장의 기본 매출을 5천만 원 정도로 예상한다면 주차 가능 대수에 따라 월 1천만 원을 더하면 그 집의 총매출을 짐작할 수 있다.

자리가 외지고 유동인구가 적어도 주차를 할 수 있는 곳이 요즘은 더 잘 된다. 예전부터 나는 매장 앞에 주차를 할 수 없다면 계약을 안 했는데, 다행히 그것 때문인지는 몰라도 장사가 다 잘되었다. 주차 문제는 매장 계약을 할 때 반드시 해결할 수 있어야 한다.

고객의 소득 수준 격차를 떠나 현대인들에게 있어 자동차는 이미 생활필수품이다. 이제 주차시설이 없다거나 그 주변에 주차할 공간을 갖추지 못한 매장은 고객이 찾지 않는다. 회사에서

회식을 하거나 동문회 모임 등을 주관하는 총무가 장소를 물색할 경우 매장에 전화를 걸어 가장 먼저 "차 댈 곳이 있습니까?" 하고 묻는 경우가 많다. 만약 저가품을 파는 매장이라면 대중교통이 잘 닿아 있는 역세권이 좋다.

어떤 매장이든 재료를 공급하러 오는 도매업자나 영업사원이 있을 텐데, 물자 조달을 원활히 하기 위해서도 주차 공간은 꼭 필요하다. 매장 근처에 주차가 여의치 않아 주변의 교통 흐름을 방해한다면 그곳은 두고두고 문제가 될 것이다. 적어도 바로 앞의 도로와 매장 건물 사이에 일정 공간이 확보되어 있어, 차량 진입과 일시 정차가 가능해야 한다.

직접 동네 주민이 되어 움직여보기

매장을 새로 오픈한다며 나에게 자리 선택을 도와 달라고 요청하는 사람들이 있다. 그럴 때는 일단 지역을 찍으라고 한다. 본인이 시작하고 싶은 곳을 찍고 나서 차츰차츰 범위를 좁혀나간다. 부동산에서 보여주는 대로 이 집 저 집 헤매다가는 엉망이 되기 십상이다.

일단은 본인이 하고 싶은 지역을 찍어야 하는데, 자기가 사는 동네에서 하고 싶다면 상권 분석은 할 필요가 없다. 동네 주민들이 동네 상권은 제일 잘 안다. 전문가가 나서더라도 10년 살았던 동네 주민보다 정확할 수는 없다. 겉핥기 식의 컨설팅이라면 실제 동네 사람들이 움직이는 동선을 볼 수 없다.

일하는 곳과 삶을 분리하고 싶다면 연고지에서 하는 것은 피하는 것이 좋은데, 다른 곳을 찍어야 한다면 지리적으로 익숙한 곳, 관심을 가지고 있고 아는 지역이 좋다. 다녔던 학교 근처라든지 밥 먹으러 가봤다든지 술 마시러 가봤다든지 1차적으로 떠올릴 만한 곳이 있을 것이다. 생판 모르는데 남 말만 듣고 갔다가는 오래 못 버틴다. 인연이 있는 자리로 선택해야 한다.

내가 익숙하고 경험해 봤던 지역이라면 전문가의 도움이 없어도 상권 분석이 가능할 것이다. 그 동네에 사는 사람처럼 다니다 보면 상권이 보인다. 하루 이틀 둘러보고 끝내는 것이 아니라 그곳에 살다시피 하면서 사람들 동선을 살펴봐야 한다. 우선 지도 한 장을 펼쳐서 큰 도로를 보고 익숙해진 다음에 파리바게뜨, 맥도날드 같은 주요 브랜드들이 들어와 있는지를 본다. 경제력이 되면 그 옆에 매장을 내면 되지만, 안 되면 그곳을 중심으로 차선책을 고른다. **유동인구가 몇 명인지 세는 것도 중요하겠지만 그 지역 주민들이 어떤 동선으로 움직이는지, 어느 골목으로 잘 다니는지 파악하는 것이 더 중요하다.**

어떤 상권이든 A급, B급, C급 자리가 있다. A급 자리로 갈 수 있는 자영업자는 많지 않다. 돈이 좀 있으면 B급으로, 많이 없으면 C급으로 가야 한다. 그래서 이면 도로라도 동네 사람들이 주로 다니는 길이 어딘지 알아내는 것이 중요하다. 부동산 업자들은 보통 "다 좋다"라고 이야기한다. 그 말만 믿고 혹할 수는 없다. 직접 가서 동네 사람처럼 움직여보고 사람들이 어떤 길로 다니는지 확인해야 한다. 또 어느 시간대에 사람이 많이 다니는지, 주말에는 어떤지 직접 확인해야 한다. 인적이 드문 곳이라면 아무리 좋은 콘셉트의 매장이어도 힘들 수밖에 없다.

자신이 하려는 매장 콘셉트를 감안해 학생들이 주로 다니는 도로인지, 연세 있는 어르신들이 산책길로 다니는 도로인지 상세하게 살펴봐야 한다. 동네 사람들은 타지 사람이 보기에 편해 보인다고 해서 다니고 불편해 보인다고 해서 안 다니는 게 아니다. 그 지역 사람들만 아는 자주 다니는 길이 분명 있다. 며칠 동안 시간을 두고 충분히 돌아다니면서 흐름을 파악해야 한다.

대기업 브랜드에 업혀갈 수 있는 곳

상권 분석이란 사실 전문가에게 컨설팅을 받을 일이지 개인이 하기는 어렵다. 그런데 또 비용을 들여서 컨설팅을 받은 것이 얼마나 정확할지 나에게 맞게 제대로 적용됐는지는 내가 판단할 수밖에 없다. 돈 없는 초보 사장이라면 중소기업청 사이트에서 '상권정보시스템'을 이용하는 것도 좋다(https://sg.sbiz.or.kr). 서울시에서 하는 '우리마을가게 상권분석서비스'를 이용할 수도 있다. 다만 이것도 참고로 할 데이터일 뿐, 진짜는 사장인 내가 직접 가서 느껴보고 감각을 익히는 것이 중요하다.

그런데 소상공인들은 굳이 복잡한 상권 분석을 할 필요가 없다. **대기업들을 벤치마킹하면 큰 흐름에서는 답이 나온다.** 전통적으로 지금까지 A급 상권이라고 부르는 자리에는 휴대폰 매장, 안경원 등이 입주했다. 주로 사거리 건물의 코너 자리다. 대기업들이 주택가의 상권을 장악하기 시작한 이후로는 이런 자리들을 파리바게뜨 같은 브랜드들이 들어서기 시작했다. 뚜레쥬르, 롯데리아, 맥도날드, 배스킨라빈스, 던킨도너츠 등이 들어와 있으면 그곳이 A급 상권이다. 대부분 이런 곳은 임대료가 제일 비싸다. 이런 브랜드들이 없고 조금 덜 유명한 매장이 들어서 있다면 그곳은 조금 뒤떨어지는 상권이다.

굳이 영세한 사람들이 돈 들여 상권 분석을 할 필요는 없다. 신도시 개발을 할 때 가장 먼저 움직이는 이들이 이런 유명 브랜드들이다. 그리고 이 브랜드들이 들어오면 상권이 살아난다. 그곳을 위주로 상권이 형성된다. 그들이 자리를 찍어서 들어가면 그다음은 개인사업자들이 하나둘씩 들어간다. 빵집, 햄버거집, 다음 순위가 안경원이라 할 수 있다. 좋은 상권이 무엇보다 영향을 많이 미치는 안경원들은 대기업 브랜드 옆에 바짝 붙는 것이 전략이 된다. 상권이 좀 나빠도 그런 브랜드가 들어오면 상권이 살아나기 때문이다.

이마트, 홈플러스 등 대형마트가 들어오면 그 동네에 없던 상권도 생겨난다는 것은 많은 사람들이 알 것이다. 물론 브랜드마다 들어가는 상권이 조금씩 다르긴 하다. 스타벅스는 브랜드 로열티로 장사하는 곳이라서 메인 상권이 아닌 외곽에도 들어간다. 이디아 커피숍이 점포를 늘릴 때 무조건 스타벅스 가까이에 붙는 걸 자주 목격했다. 본사적 차원에서 그랬는지는 확인해 보지 않았지만 좋은 전략이라고 생각한다. 경쟁하기보다 같이 살 수 있는 전략이 됐을 것이다.

위치를 설명하기에 좋은 곳인가?

자영업을 하면서 돈을 좀 벌었다는 사람도 상권 분석을 할 때는 대기업 옆에 붙으려고 한다. 그런 조건이 없다면 가보지도 않는 사람도 있다. "그 옆에 뭐 있어?" 물어보고 바로 옆이 아니라면 "어느 정도 떨어져 있는데?"를 따져본다. 그런데 돈에 맞춰서 자리를 선택하는 사람은 그럴 수가 없다. 그렇다면 다음 차선책은 "파리바게뜨 골목으로 들어가서 왼쪽에서 두 번째 집" 이런 식으로 위치를 설명할 때 쉽게 알아들을 수 있는 곳이 좋다.

그리고 한곳에서 길게 장사할 것을 감안한다면 현재는 비록 주목받지 못하는 상권이라도 앞으로의 발전 가능성을 충분히 검토하는 것이 좋다. 상권이 앞으로 어떻게 변모해갈지 예상해 보는 것이다. 지금 나의 안목이 향후 5년 후 우리 가게의 위상을 크게 좌우할 수도 있다. 시대와 환경이 변화하면 상권도 반드시 변하기 마련이다.

주위의 높은 언덕이나 야산, 아니면 높은 건물이 있다면 최상층에 올라가서 동네를 조망해 본다. 도로가 동서남북으로 향후 어떻게 뻗어나갈 것인지, 동네가 어떻게 발전할지 등을 나름대로 그려보는 것이다. 예를 들면 어느 한쪽 도로가 막혀 있다는 것은 유동인구나 차량의 흐름이 적다는 뜻이고, 그만큼 상권이 크지 않다는 것을 의미한다. 자동차를 이용해 매장을 찾는 사람이 많다는 점을 감안하면 내가 들어가고 싶은 자리를 기준으로 동서남북으로 2km 정도의 도로가 연결되어 있다면 고객 흡인력은 자연히 높아진다고 봐도 무방하다.

고객이 무의식적으로 움직이는 곳

입지 선정을 좀 더 세밀하게 들여다보자. 점포를 몇 군데 추천받았는데, 하나는 도로 안쪽에 위치한 점포이고, 다른 하나는 도로 바깥쪽으로 위치한 점포다. 어느 쪽 점포가 더 유리할까?

이럴 때는 자동차를 이용하는 운전자의 시야(시계) 범위를 고려하면 좋다. 도로 바깥쪽 점포와 안쪽 점포는 운전자가 인지하는 데 다소 차이가 있다. 도로 커브의 각도에 따라 차이는 있을 수 있지만, **기본적으로는 안쪽에 있는 점포를 인지하는 것이 어렵다.** 운전자는 자동차를 안전하게 운전하기 위해 시야가 향하는 범위가 한정적이기 때문이다.

운전자의 시야와 매장 위치

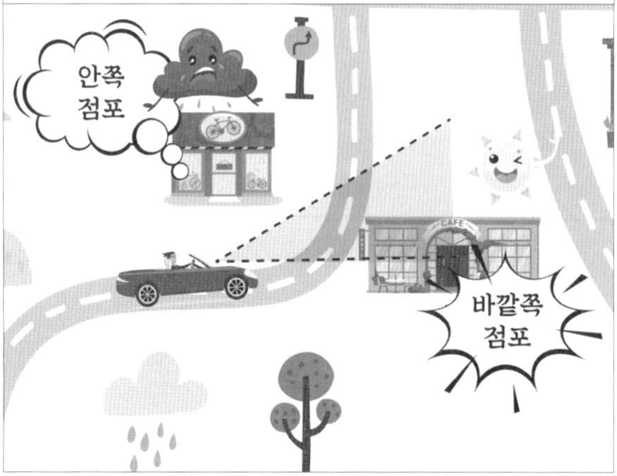

[그림] 운전자가 인지하는 시야 범위

주요 고객으로 예상되는 사람이 어릴 때부터 좌측통행이 몸에 배어 있는 사람이라면 귀가나 퇴근길의 왼쪽에 매장을 잡는 것이 좋다는 이야기가 있다. 그러나 인간은 항상 오른쪽으로 가려는 경향이 있고 거기에 맞춰 2010년 이후 우측보행으로 바뀌었으니 오른쪽에 매장을 잡는 것이 좋다고 말할 수도 있다. 예를 들어 백화점에서 에스컬레이터를 타고 위층에 도착한 고객은 자연스럽게 오른쪽으로 발길을 옮긴다.

고객은 자신의 행동이 합리적이라고 생각할지 몰라도, 한편으로 대단히 충동적이고 민감하다는 점도 감안해야 한다. 돌출 건물이 있다거나 작은 장애물이 있다거나 알고 있는 지름길이 있으면 예상과 다른 행동을 할 수 있다. 하다못해 그늘이 있는지 햇빛이 비치고 있는지에 따라서 어느 쪽으로 갈지 부지불식간에 결정되기도 한다. 고객은 자석처럼 자신을 보다 강하게 당기는 쪽으로 자연스레 이끌린다. 사람은 자기도 모르게 안전한 곳, 최단거리, 사람이 많이 모이는 곳에 관심을 가지고 그곳으로 움직인다. 위험한 골목, 초행길, 한적하고 어두운 곳을 좋아하지 않으며 시간과 에너지를 아끼기 위해 가까운 길을 선택하게 마련이다.

평소 자신이 좋아하는 가게가 있는 곳, 깨끗한 길, 흥미를 끄는 공간 쪽으로 지나가려는 것은 자연스러운 인간의 심리다. 젊은 층이 많이 다니는 길목이라면 얼짱이나 몸짱 종업원이 있는 곳으로 사람이 몰릴 수도 있다. 이런 이유로 교과서적으로 어느 쪽이 좋다는 건 있지만, 일방적으로 어느 쪽이 좋다고 정답을 맞힐 수는 없다. 그러므로 **너무 디테일하게 따지기보다는 내가 통제할 수 있는 부분, 즉 차별화 콘셉트나 마케팅 프로모션에 신경 쓰는 것이 더 현명한 선택이다.**

잠재 고객이 많은 곳을 알아내는 법

상권 분석을 할 때 흔히 유동인구 조사를 한다. 유동인구 조사표를 들고 아침 7시부터 밤 12시까지, 10대, 20대, 30대, 40대, 50대, 그리고 60대 이상의 인구가 남녀별로 몇 명이나 오가는지 카운트한다. 유동인구 조사 양식을 작성할 때는 5가지 원칙이 있다. 첫째, 업종의 주 영업시간대를 중심으로 작성한다. 둘째, 같은 시간대에서 10분씩 체크해 비교한다. 셋째, 요일별 조사는 최소 2회 이상 실시한다. 넷째, 우리 매장에서 구매할 고객의 수가 가장 많은 시간대(영업이 절정을 이루는 시간대)에 시간당 '내 고객수'를 정확하게 파악한다. 다섯째, 경쟁업소도 같은 방식으로 조사해서 분석한다.

유동인구에 대해 나에게 딱 맞는 맞춤 정보를 얻으려면 직접

가서 보고 느껴야 한다. 업종마다 거기서 얻어야 하는 정보는 다를 것이다. 안경원 같으면 연령대도 보지만 안경 끼는 사람의 비율을 알아야 한다. 그런데 이걸 일일이 다 체크해서 알아보는 건 사실상 어려운 일이다. 인구 통계는 원칙적으로 시간대별로 평일별, 주말별로 다 체크해야 하는데, 1~2주간 하루 종일 앉아서 머릿수만 세고 있을 수는 없다.

유동인구는 요일마다 다를 것이기 때문에 물론 직접 조사하고 느껴보는 것이 좋다. 그러나 이런 숫자는 중소기업청에서 제공하는 상권정보를 보면 나와 있다. 정확하게 맞는다고 할 수는 없겠지만 어느 지역이든 지도를 찍으면 메인 상권이 어딘지 누구든 찾을 수 있다. 당연히 많은 사람들은 메인 상권을 지나다니는데 유동인구를 볼 때 가장 중요한 건 평일에 많은지 주말에 많은지 확인하는 것이다. 주말 유동인구가 많아야 하는 매장일 수도 있고 아닐 수도 있을 것이다. 직장인 타깃의 매장이라면 평일 유동인구를 봐야 할 것이다.

상권 분석은 숫자보다는 전체적인 상권의 분위기를 봐야 한다. 내 업종이 주말에 가족 단위로 먹는 식당이라면 주말에 지나다니는 사람이 드물면 안 된다. 직장인 상대의 점심 장사라면 주말 유동인구는 필요 없을 것이다. 이런 것들은 다른 사람이 분석한 것보다 자신이 직접 보고 자기 업종에 맞는 정보가 파악될 때까지 지켜봐야 한다. 학생 상대의 장사라면 학생이 얼마나 지나

다니는지 감각적으로 봐야 한다. 몇 시에 몇 명이 지나다니는지 숫자를 카운트하기보다 질적인 조사가 더 중요하다. 옷 가게를 한다면 지나다니는 사람들이 어떤 옷을 입고 있는지도 봐야 한다. 내가 추구하는 콘셉트에 맞는지도 중요하다. 럭셔리한 차림의 사람이 많은 부자 동네에서 고가의 장사를 하려는지, 대중화된 콘셉트의 매장을 하려는 것인지 거기에 맞는 인구 비율이 어느 정도나 되는지 체감하는 것이다. 내가 수익을 낼 수 있을 만큼의 유동인구가 있는지 봐야 한다.

고객의 소비 수준을 알아보는 법

상권에 따라 다르겠지만 외곽 지역일 때는 유동인구 조사가 필요조건은 아니다. 유동인구 조사표는 내가 생각한 대로 될지 믿음을 갖기 위해서 필요하다고 보면 된다. 유동인구 조사를 잘 한다고 해서 장사가 잘 되는 건 아니다. 내가 알고 있는 사람들 중에도 아이러니하게 이걸 해놓고서 망한 사람이 많다. 중요한 것은 질적인 조사로, 내가 생각하는 매장 콘셉트에 맞는 사람들이 어느 정도 다니는지를 파악해야 한다.

그런데 내가 하는 업종이 메인 상권에 들어간다면 유동인구 조사는 필요하다. 자리 좋은 데 가서 두 개 중에 하나를 골라야 할 때도 유동인구 조사가 유용한 방법이다. **보통은 매장을 오픈할 때 한 곳만 보고 계약하지는 않는다.** 부동산 업자는 보통 두 개 이상 보여주기 때문에 이것과 저것 중 어느 걸 할지 고민할 때 유동인구를 활용하면 된다. 다만 지나가는 사람들을 상대로 장사하는 게 아니라 찾아오는 고객들을 상대로 하는 장사라면 유동인구 조사는 굳이 안 해도 된다.

유동인구 조사는 길거리에 도보로 다니는 사람들을 대상으로 하는 것이기 때문에 간과해서는 안 되는 것이 차량의 이동량이다. 시내 중심이 아니라 외곽이라면 무조건 차량 이동을 봐야 한다. 예전에는 차선이 넓으면 장사가 안 된다는 말이 있었다. 왕복 10차선 정도 되면 지나가는 곳, 흘러가는 자리라고 이야기했다. 그런데 요즘에는 그런 걸 따지지 않는다. 차선이 넓으면 차량 이동 대수가 많다는 이야기라서 나쁘다고 할 수만은 없다.

상권 분석을 할 때는 지도를 펴고 굵은 선의 메인 도로를 찾고 여기에 연결된 작은 도로들을 봐야 한다. 메인 도로는 전체적인 상권의 핵심이기 때문에 될 수 있는 대로 큰 도로에 붙는 것이 유리한 건 맞다. 차량이 많이 다니는 곳은 사람들도 많이 볼 수 있다.

만약 고가의 제품을 다루고 싶다면 고객의 소득이나 소비 수준이 중요한 요소가 될 것이다. 그럴 때는 고가의 차, 외제차가 많이 다니는지 봐야 한다. 부동산에서 물어보면서 소득 수준을 가늠할 수 있다. "여기서 가장 잘 사는 아파트가 어디예요?"라고 몇 개만 찍어 달라고 하면 된다. 예를 들어, 정자동에 가면 대부분 수입차를 타는데 의왕시에 가면 수입차 빈도가 낮다. 또는 아파트 평수를 보며 예상할 수도 있다.

인구 밀집도가 높은 곳이 좋은 상권

사실 우리 매장에 올 수 있는 사람은 그 지역 사람들 모두다. 다만 언제 올지 모를 뿐이다. **잠재 고객은 특별히 따로 있다기보다 인구가 많으면 잠재 고객이 많은 것이다.** 1차 상권, 2차 상권의 크기도 결국엔 인구가 많으면 커진다. 만약 안양에서 매장을 열었다면 안양 사람은 다 잠재 고객으로 봐야 한다.

내가 대구에서 안경원을 하다가 수도권으로 진출하고자 했을 때 처음 생각했던 지역이 안양이었다. 인구 밀집도를 보고 그곳으로 간 것이었는데, 안양은 인구에 비해서 밀도가 높았다. 처음 시장조사 갔을 때 차로 두 바퀴 도니까 갈 데가 더는 없었다. 나는 당시에 수도권으로 처음 온 것이어서 안양이 엄청 큰 줄 알았다가, 차로 돌아보고는 시내에서 안경원이 잘 되는 이유를 알겠다 싶었다. '인구가 이렇게 많다고? 여기는 될 수밖에 없는 지역 구조구나'라는 깨달음이 왔다. 당시 안양에서 가장 매출이 높은 안경원 두 곳은 한 달 매출이 3억 원이었고 전국에서도 유명한 곳이 두 군데나 있었다. 가보니 이해할 수 있었다. 메인 상권 주변에 아파트 단지가 빙 둘러싸여 있는데 장사가 안 될 수가 없는 입지였다. 그리고 아이들이 아주 많았다. 초등학교, 중학교, 고등학교가 다 있고 학원가는 대치동, 목동 다음이었다.

넓은 곳에 20만 명이 거주하는 것과 좁은 곳에서 20만 명이 거주하는 인구 밀도는 다르다. **밀도가 높으면 잠재 고객은 훨씬 더 많다. 땅이 넓으면 동선이 넓으니까 잠재 고객은 적어진다.** 당시에 처음 갔던 곳이 범계역이었는데, 돌아다녀 보니까 가장 메인 자리인 곳이 보여서 차를 세워놓고 이틀 정도 지켜봤다. 하루 종일 계속 있을 수는 없으니까 아침에도 가고 오후에도 가서 한 바퀴 빙 돌면서 살펴봤다. 차 안에서도 보고 내려서도 지켜봤다. 그때 내가 봤던 건 지나다니던 사람들의 안경 수준이었다. 그래도 나는 광역시에서 장사를 하던 사람이어서 알 수 있었다. 그때 느꼈던 건 안양은 수도권이지만 안경 수준은 대구보다 낮다는 것이었다. 안양 시내보다는 대구 시내에서 명품 안경이나 고급 브랜드 안경을 끼고 있는 사람이 더 많았다.

그때 나는 공장형 할인 콘셉트를 생각했기 때문에 만약 수준이 높다면 내가 생각했던 아이템이 안 맞을 상황이었다. 의외로 브랜드 제품을 쓰고 있는 사람이 별로 없는 걸 확인했다. 국내 브랜드 중 비싼 고가 제품이 있었는데, 의외로 그것도 쓰고 있는 사람이 별로 없었다. 내가 정한 콘셉트가 먹히겠다는 확신이 들었고 쓰리팩토리 안경원은 실제로 대박이 났다.

지도를 보고 메인 도로를 잡으라는 것은 상권이 넓어지고 잠재 고객이 커지기 때문이다. 소도로에 들어가면 잠재 고객은 줄어든다. 현재 내가 운영하고 있는 의왕시 아이데코는 1번 국도 부근인데 도로가 큰 데다가 지방 도로와 다 연결돼 있어서 하루에 정말 많은 사람이 지나다닌다. 그만큼 잠재 고객이 훨씬 많아지는 것이다. 실제로 우리 매장에는 정말 멀리서도 고객이 일부러 찾아오는 경우가 많이 있다. 그런데 한 블록 안으로 들어가면 잠재 고객은 그만큼 없어진다. 차를 타고 지나가면서 보이는 곳이 아니기 때문이다.

30년 쌓인 나만의 입지 선정 노하우

30년 넘게 장사를 해본 노하우를 듣고자 나에게 조언을 구해 오는 사람들이 있을 때 나는 차별화를 이야기한다.

근래에는 점포 규모가 점차 대형화, 전문화되는 추세가 있어서 경쟁 점포에 비해 건물 규모나 내부 시설이 빈약하면 경쟁에서 승리할 수 없다. 특히 제과점, 약국, 부동산, 미용실, 할인점 등의 업종은 규모가 승부를 결정짓는 핵심 요소가 되어가고 있다. 문제는 무작정 규모를 늘릴 수는 없다는 것이다. 개인이 동원할 수 있는 자본에는 한계가 있기 때문인데, 이럴 때 규모의 차별화를 주기 위해 적용하는 방법이 있다.

흔히 1 대 1.3이라고 부르는 법칙으로 심리학에서 말하는 차별화의 비율을 적용하는 것이다. 1.3이라는 것은 심리학에서 '차이'를 명확히 설명할 때 언급되는 숫자다. 1m와 1.1m와 1.2m의 경우 그 차이가 곧바로 인식되지 않지만, 크기나 수량이 1.3배 이상이 되면 그 차이가 분명히 구별된다는 데 근거하고 있다.

거기서 조금 더 비용을 쓸 수 있다면 1.3의 제곱인 1.7배 이상의 매장을 고려할 수 있다. 이때 방문자들은 압도적으로 차이를 인지하게 된다. 이처럼 심리적인 효과를 낳는 수치를 차별화 배율이라고 한다. 이것을 오픈할 때부터 마케팅으로 활용할 수 있다. 경쟁 점포보다 면적의 가로와 세로를 1.3배씩 늘리면 1.3×1.3=1.69가 되어 약 1.7배가 되는데, 여기에 사람들이 들어서면 해당 점포의 규모나 넓이가 압도적으로 크다는 느낌을 가지게 된다. 신규 점포를 낼 때 근처 라이벌 점포가 70평이라면 120평(70×1.7)으로, 90평이라면 150평(90×1.7)으로 매장을 갖출 수만 있다면, 라이벌 점포와의 경쟁에서 반드시 승리할 수 있을 것이다. 물론 돈이 문제이긴 하다.

좋은 터보다 중요한 매장의 황금비율

1 대 1.3의 법칙을 적용하기에는 자금 여력이 충분치 않다고 할 때 고려할 수 있는 것이 있다. 건물 형상에 대한 황금비율을 적용하는 것인데, 건물의 넓이와 깊이의 비율을 따져보는 것이다.

도로 쪽에서 매장을 봤을 때 가로(도로 쪽)가 긴 매장이 있고 세로(안쪽)가 긴 매장이 있다. 두 가지 모두 장단점이 있지만 **가장 권하고 싶은 건 가로가 넓은 매장이다.** 같은 100평이라도 가로가 넓으면 훨씬 넓어 보인다. 사람들도 가로가 넓은 매장을 좋아한다. 한국 사람들은 특히 큰 매장을 좋아하는데 세로로 길면 시각적으로 좁아 보여서 사람들이 안 들어올 확률이 크다.

매장의 생긴 모양은 정사각형이면 좋겠지만, 직사각형이라면 도로 쪽이 넓은 6:4 정도의 비율이면 좋다. 만약에 8:2나 7:3이면 외관상 흡입하기는 좋지만, 세로 폭이 너무 좁아서 매장에 들어왔을 때 답답함이 느껴져서 넓다는 인상을 주지 못할 것이다. 반면에 가로(넓이)가 아니라 세로(깊이)가 긴 매장들은 바깥에서는 좁아 보이지만 일단 들어서면 '생각보다 넓네' 하고 생각하는 장점이 있다. **다만 세로가 긴 매장들은 직원들 동선이 중요하다.** 직원들이 다녀야 하는 동선이 길어서 왔다 갔다 응대하다가 빨리 지칠 가능성이 높다.

점포로 적합한 건물의 형상은 업종에 따라 다를 수 있다. 하지만 모든 매장에 해당하는 기본 원칙은 알아두면 좋을 것이다. **넓이가 긴 매장은 그 앞을 지나다니는 통행인들에게 내부의 모습을 쉽게 노출시켜 쉽게 안으로 유도할 수 있다.** 그러나 넓이가 깊이의 두 배 이상이면 매장 내 분위기는 다소 산만해서 객단가가 오르지 않는다는 단점이 있다. 이럴 때는 출입문을 하나로 만든다든지 하는 대책을 세워 매장 내의 동선을 보다 길게 유지해야 한다.

반대로 매장의 깊이가 일반적인 주변의 매장보다 깊을 경우, 점포 내의 분위기는 안정감을 가진다. 이런 곳에서는 고급품을 취급하는 것이 적절하다. 그러나 깊이가 넓이의 두 배 이상이라면 고객들이 점포 안쪽까지 발길을 옮기기가 어려울 것이다. 고객을 점포 안쪽까지 최대한 끌어들일 수 있는 유인 상품을 안쪽으로 배치하는 아이디어를 내는 것도 좋다.

[그림] 황금비율에 맞는 좋은 점포 형태

대박 장사의 3요소, 자리·사람·차별화

우리 땅의 옛 조상들은 집 짓는 데에도 그에 알맞은 장소를 구하는 것을 중요시했다. 이성계와 무학도사에 관한 이야기가 있다. 이성계와 무학도사가 길을 가다가 산 밑에 작은 집에서 어떤 사람이 농사를 짓고 있는 모습을 보고 그 자리에 관한 이야기를 나누었다. 무학은 이렇게 말했다. "저 집터 자리는 정말 명당이다. 저자는 엄청난 부자가 될 것이다." 그랬더니 이성계는 "그렇게 봤는가? 나는 저자가 쫄딱 망할 것 같네"라고 했다. 무학은 풍수지리로 유명한 사람이었는데 이성계는 다른 걸 헤아리고 있었다.

몇 년이 지난 후 무학이 우연히 그 자리를 다시 지나갈 일이 있었다. 그때 이성계가 했던 말이 기억나서 확인해 보았는데 그 집터는 폐허가 돼 있었다. 무학이 이성계를 다시 만나 물었다. "지금까지 알고 있던 풍수지리 개념으로 보면 그 자리는 무조건 궁궐 같은 부잣집이 들어서야 맞는데 폐허가 돼 있었습니다. 그리 될지 어떻게 아셨습니까?" 그러자 이성계의 말이 "네가 본 풍수지리 개념은 정확하게 맞다. 그런데 나는 자리를 보지 않고 그 사람을 보았다. 그는 돈을 벌면 그곳에 살지 않을 사람이었다. 그 사람은 돈을 벌면 그 자리를 무조건 떠날 것이라 확신했다."

결국은 사람이 문제다. 상권도 마찬가지여서 좋은 상권이라는 게 있는 건 분명하다. **장사의 성패를 좌우할 만큼 자리가 큰 영향을 미치는 것도 맞지만, 아무리 터가 좋아도 사람에 따라 결과는 달라질 수 있다.** 돈 없는 장사 초보라면 이 점을 잊지 않기를 바란다. 또 장사에 있어 자리나 사람 외에도 중요한 것이 있다면 그건 차별화다. 차별화에 대한 자신감이 있다면 자리는 별로 안 중요하다고 생각한다. 만약 주변의 상권들까지 흡수할 수 있는 자신감이 있다면 계약을 해도 좋다.

대부분의 자영업자는 자기가 가진 돈에 맞춰서 매장을 골라 들어간다. 대개는 비용 들여가며 상권 분석을 할 수가 없을뿐더러 누구나 탐내는 좋은 데 들어가고 싶어도 메인 상권을 잡기가 현실적으로 힘들어서다. 자리 선정에서 우위를 점할 수 없다면 다른 전략을 택해야 한다. 머리 아프게 상권 분석을 해봐야 별로 의미가 없는 경우가 있다. 내가 열심히 해서 나만의 상권을 만들어야 한다. 맛있는 사과는 어느 곳에 놓아도 날파리가 꼬인다. 꼭 눈에 띄는 좋은 자리에 두지 않아도 "저쪽에 맛있는 게 있다"는 소문을 듣고 날파리가 꼬인다. 사람도 같은 이치로 항상 움직인다. 맛있고 좋은 것이 있는 곳에는 사람들이 자연스럽게 몰려든다. **'차별화'는 때로는 자리보다 더 중요한 것이 될 수 있다. 그 점만은 분명히 알아야 한다.**

인테리어는 넓게 보이는 게 일순위

매장의 입지를 정하고 나면 오픈을 준비하며 인테리어를 할 것이다. 이때 준비가 안 돼 있으면 인테리어 업자가 하자는 대로 하게 된다. "알아서 해주세요"의 결과는 보장할 수 없다. 인테리어만큼은 절대로 그렇게 하면 안 된다. 명확하게 내가 원하는 바를 전달해야 하는데, 실제로는 구현이 안 될 수도 있으니까 전문가와 의논은 필요하다.

인테리어에서 가장 중요한 1순위를 꼽자면 시각적으로 넓게 보이는 것이다. 벽대나 칸막이를 활용하면 좋다. 고객이 매장에 딱 들어왔을 때의 첫 느낌이 중요하다. 같은 평수라도 시각적으로 넓은 이미지를 줄 수 있는 벽면 인테리어를 해야 한다. 인테리어는 수직과 수평을 살펴봐야 하는데, 벽대를 어떻게 하냐에 따라 같은 50평이라도 웅장함이 다를 수 있다. 초보 사장은 이것도 해보고 싶고 저것도 해보고 싶다는 마음에 로망을 실현하다가 실수하는 경우가 많다. 10미터 공간에 일률적으로 진열장이 있는 벽면과 동글동글한 여러 개의 진열 공간이 자유분방하고 요란하게 흩어져 있는 벽면을 보면 느낌이 다르다. 인테리어의 일 순위는 넓게 보이는 것이라는 점을 생각해야 한다. 사람들은 큰 매장을 좋아하기 때문에 이왕이면 넓게 보이는 게 좋다.

막상 인테리어 끝나고 매장을 오픈하고 나서 분산돼 있는 진열장을 사용하다 보면 일하는 사람도 불편하다. 또 장사하다 보면 생각보다 진열장이 많이 필요하다는 사실을 실감하게 될 것이다. 진열장을 단절시켜 놓는 것은 좋지 않다. 일체감 있게 진열장을 통일해주면 고객이 봤을 때도 웅장해 보이는 아이템으로 괜찮다.

주변 매장보다 눈에 띄려면

매장을 준비할 때부터 많이 다녀보면서 인테리어 트렌드를 보는 것이 좋다. 내부에 들어가는 디테일한 부분은 그때그때 찍었던 사진을 보고 나에게 적용하면 된다. 이건 이렇게 저건 저렇게 벤치마킹하다 보면 새로운 나만의 스타일을 만들어 낼 수 있다. 신박한 인테리어에는 발품 팔기가 필요하다.

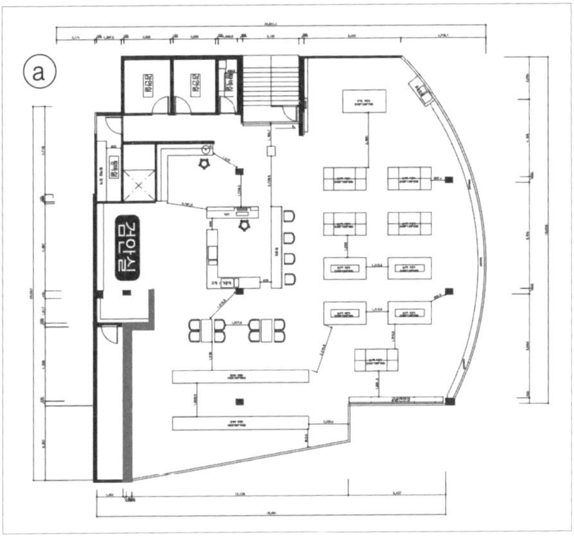

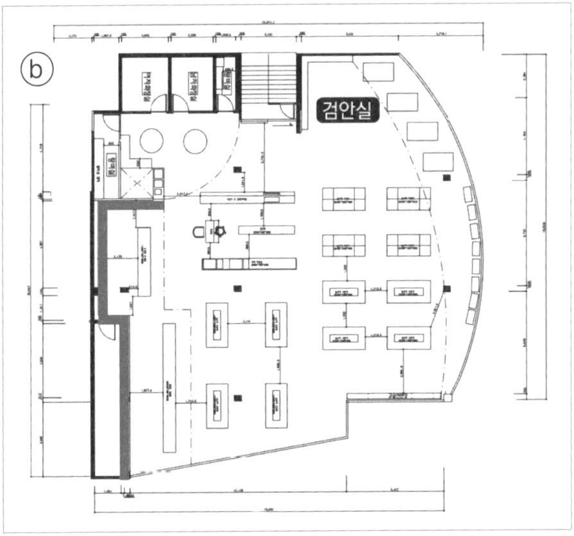

[그림] 벽대를 잘 못 살려 좁아 보이는 매장(ⓐ)과
벽대를 잘 살려 넓어 보이고 공간 활용이 잘된 매장(ⓑ)

장사에 관심을 가지고 있다면 평소에 인테리어 디자인은 수시로 스크랩을 해놔야 한다. 이것저것 잡지 같은 자료를 모아놓고 오픈하는 시점에 집중적으로 여러 군데 다니면서 좋아하는 스타일을 벤치마킹하면 된다. 업체로부터 최신 트렌드를 받아서 시안을 보여 달라고 할 수도 있다. 중요한 부분들만 직접 선택하고 나면 나머지는 전문가에게 맡겨도 된다.

외관 인테리어를 할 때는 아무리 좋아하는 게 있다고 해서 무조건 쓰는 건 곤란하다. 예를 들어, 그린 색상을 좋아한다고 해서 옆집 매장을 고려하지 않은 채 무조건 쓰면 안 된다. 내 매장만 보지 말고 위·아래·옆 가게도 보고 차별화시켜야 한다. **대기업 프랜차이즈 매장이라면 어쩔 수 없겠지만 "난 이 색깔이 예뻐"라는 이유로 주위의 매장에 묻히는 색을 밀어붙이는 건 자살행위다.** 주변 매장이 흰색인데 새로운 매장인 내가 흰색을 쓰면 이미 있던 매장을 돋보이게 만든다. 사람은 습관대로 생각하는 습성이 있기 때문에 옆집에서 매장을 확장했다고 생각할 수도 있다. 새롭게 보여야 "어 새로 생긴 집이네"라고 생각한다.

그렇다고 인테리어 업자에게 알아서 해달라고 맡기면 그들은 일하기 편한 대로 할 것이다. 마진이 많은 재료들로만 골라 하더라도 나는 알 수가 없다. 같은 비용이라면 기교를 부려서 새로운 디자인으로 보이는 게 좋지 않을까.

또 알아서 해달라는 걸 싫어하는 인테리어 업자들도 많다. 해주고 욕먹을 수 있기 때문이다. 의뢰인이 "이렇게 해주세요"라고 한 대로 인테리어를 하면 안 예뻐도 원망은 안 듣기 때문에 그걸 선호하는 사람도 있다.

인테리어에 아무런 계획이 없이 오픈 때가 다가와서야 "어떻게 해야 되지?" 하는 상황이면 앞이 캄캄해진다. 매장을 운영하는 사람들은 평상시에 관심을 갖고 정보를 수집하는 게 중요하다. 초보 사장이 아니고 장사를 지금 잘 하고 있는 사람이라도 언제 타의에 의해서 매장을 옮겨야 할지 모르기 때문에 항시 관심을 가지고 있는 것이 좋다.

직원의 동선이 편한 게 우선이다

매장 내부를 설계할 때 보통은 손님들 동선이 어떤지를 생각한다. 그렇지만 나의 경우에는 다르게 생각한다. 이건 내가 신체적인 콤플렉스를 극복하기 위해 예전부터 썼던 방법인데, 결과적으로 탁월한 방법으로 효과를 보고 있다. **나는 고객 동선보다는 직원들 동선을 먼저 고려해서 내부 설계를 짠다.** 매장은 고객에게 어쩌다 한 번 왔다가는 곳이지만 직원에게는 매일 생활하는 공간이다. 직원이 편하지 않으면 일을 효율적으로 할 수 없고, 직원이 지치면 고객 서비스도 질이 떨어질 수밖에 없다.

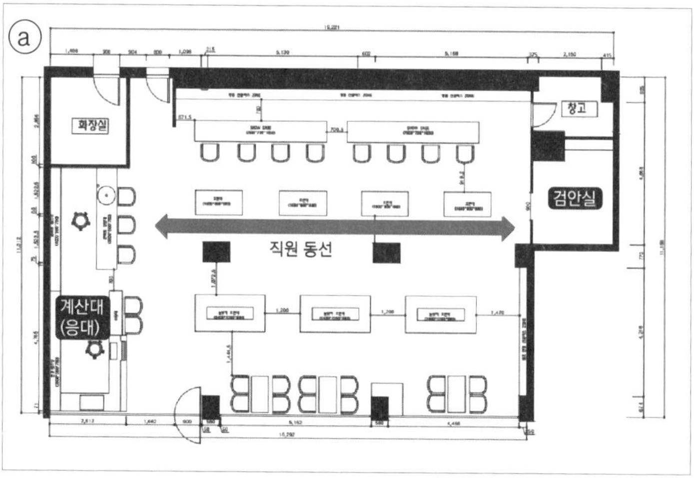

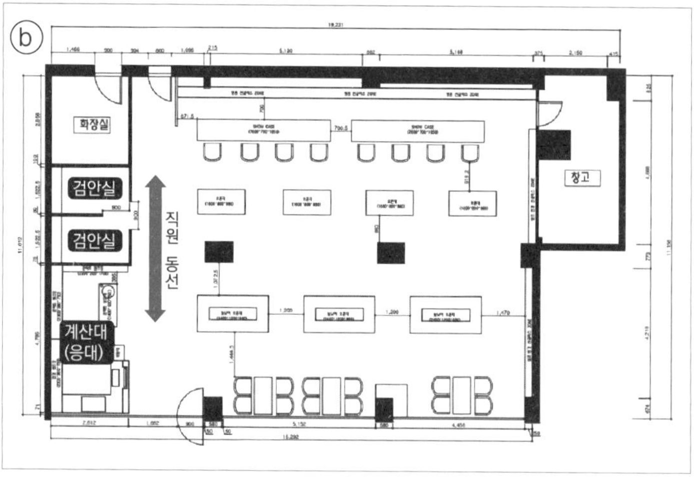

[그림] 직원들의 동선이 길어 빨리 지칠 수 있는 매장(ⓐ)과
직원 동선이 짧아 일하기 편하고 근무 효율이 높은 매장(ⓑ)

고객은 매장에 있어봐야 30분~1시간 있다가 가지만 직원은

그렇지 않다. 똑같이 8시간 근무한다고 해도 직원들 동선이 길면 빨리 지친다. 도면을 뽑을 때 나는 직원 동선을 항상 우선시한다. 그게 결국 사장의 동선이기 때문인데, 내가 일하기 편한 동선을 생각한 것이다. 우리 매장에 입사한 안경사들은 한결같이 "여기는 동선이 짧아요"라는 말을 한다. 내 만족을 위해서 설계한 것인데 모든 직원에게 맞는 것이다. 고객은 동선이 긴 건지 짧은 건지 잘 알지 못한다. 그저 직원이 안내하는 대로 움직이기 때문이다.

대부분의 사장들이 인테리어 업자와 상담할 때 손님이 입장해서 어떻게 움직이고 나가는지를 고려해서 설계를 한다. 많은 사장들이 나중에서야 그 부분에서 후회를 한다. 불편한 게 한두 가지가 아니기 때문이다. 결국엔 나중에 뜯어고치려고 하는 경우도 많이 봤다. 나는 체인사업을 할 때 새로운 매장을 낼 때마다 도면을 항상 체크했다. 인테리어 업자들이 권하는 도면은 항상 거절하곤 했는데, 그때마다 인테리어 업자들이 하는 말이 "대표님이 보는 동선과 일반적으로 오너들이 보는 동선은 다르다"는 것이었다. 많은 매장을 열어봤기 때문에 장단점을 알기 때문이다.

내 입장에서 내부 인테리어는 직원 동선이 무조건 우선이다. 직원이 편하게 일해야 훨씬 효율적으로 할 수 있다. 그게 결국 고객에게도 좋은 일이다. 여기 갔다 저기 갔다 해야 한다면 귀찮아서라도 고객에게 잘해주기가 힘들다. 말로는 고객 중심 서비스라고 하면서 행동은 따라가지 못한다. 정말 고객이 들어와서 편하게 있다가 갈 수 있게 하려면 직원 동선이 정말 중요하다. 직원 동선과 고객 동선을 모두 고려해야겠지만 그중에서도 우선은 직원 동선이어야 한다. **서비스하는 사람이 더 편하게 움직일 수 있어야 고객 만족이 나올 수 있다.**

우리 안경원은 안경사들이 최대한 짧게 움직일 수 있는 동선으로 되어 있어서, 매장은 큰데 직원이 움직이는 폭은 짧다. 전통적으로 조제 과정을 안 보여주는 다른 안경원과 달리 조제실도 다 밖에 나와 있는데, 모두가 결국엔 동선을 짧게 만들기 위한 것이다. 이 부분은 손님이 많을수록 더욱 그 진가를 발휘한다. 조제실이 밖에 있으면 안경을 조제하면서도 다른 손님을 응대할 수 있다. 한마디로 멀티플레이가 가능하다. 그러나 조제실이 안쪽에 따로 있다면 조제하는 동안은 손님이 와도 모를 것이다.

아이들을 돌보기에 최적화된 집안 인테리어를 생각해보자. 예전처럼 엄마가 벽을 보고 설거지하는 구조가 아니라, 아일랜드 식탁을 놓고 거실 쪽에서 아이들이 놀고 있는 걸 보면서 요리도 하고 설거지도 할 수 있는 구조를 생각하면 될 것이다.

사장이 요리까지 하는 작은 식당을 생각해보자. 홀 쪽을 보면서 요리를 하고 손님과 대화하면서 응대하는 것이 가능한 구조를 만들면 직원이 많지 않아도 운영이 가능하다. 실제로 그런 식당들이 있다. 직원은 2명, 테이블이 20개 정도 들어갈 수 있는 식당인데, 메뉴도 복잡하지 않다. 주방 쪽이 오픈 바여서 등 돌리고 요리하는 주방이 아니라서 요리 중에 고객을 보며 대화도 가능하다. 설거지하는 사람도 따로 없고 음식이 오래 있다가 나오지만, 이 식당에서는 음식 언제 나오냐는 컴플레인이 없다. 손님은 고개만 돌리면 주방장이 요리를 하고 있는 게 훤히 보여서, '내 차례는 언제구나' 하는 예상이 충분히 가능하다. 주방장이 딴짓 안 하고 열심히 요리를 하고 있는 걸 눈앞에서 보기 때문에 여유롭게 기다리게 된다.

이런 내부 설계는 처음부터 잘 생각해야 한다. 나중에 불편하다며 뜯어고친다고 하면 배선 같은 것도 달라져서 비용이 엄청 들어가게 된다. 또 수리하는 동안은 가게 문도 닫아야 되니까 매출 손실까지 감안해야 할 것이다. 그래서 장사는 쉽게 생각하고 준비할 일이 아니다.

나를 도와줄 도우미 딱 한 사람

어느 곳에서 매장을 오픈하느냐에 따라 매출에 미치는 영향은 무시할 수 없이 크기 때문에 결정은 신중해야 한다. 그리고 매장 콘셉트를 구현할 수 있는 인테리어에 신경 쓰는 것도 중요하다. 그다음 인테리어 공사를 하는 동안 매장을 오픈하기 전까지 꼭 갖춰야 할 것이 하나가 있다. 특히 장사 초기에는 더욱 필요한데, 나를 도와줄 수 있는 한 사람을 구해놓는 것이다. 배우자이든 친척이든 친구이든 무조건적인 협력을 해줄 파트너가 꼭 한 명은 있어야 한다. 만약 여건이 좋지 않다면 단 1년이라도 만사 제쳐두고 나를 도와줄 수 있는 사람을 섭외해놓아야 한다.

장사를 처음 하는 사람은 그저 매장만 차리면 다 끝나는 줄 알지만 그렇지가 않다. 장사를 하는 매장에서는 사장이 감당해야 할 부분이 엄청나게 많다. 그래서 이걸 분담할 수 있는 사람이 있어야 롱런할 수 있는데, 그런 사람을 구하는 건 의외로 쉽지가 않다. 처음 장사를 하는 사람이 매장에서 일어나는 모든 일을 혼자서 감당하다 보면 멘탈이 나간다. 그리고 혼자서 크고 작은 의사결정을 해나가다 보면 판단을 잘못할 수 있다. **객관적인 시선으로 나에게 도움이 될 수 있는 조언을 옆에서 해줄 사람이 필요하다.**

'장사? 매장 구해서 물건 팔면 되는 거 아냐?'라고 쉽게 생각할 수 있지만, 막상 시작해 보면 상상을 초월하는 변칙의 상황이 많다. 이런저런 상황에 지치다 보면 사장은 육체적으로 정신적으로 무조건 지친다. 내 시간도 가질 수 없고 당연히 몸에도 과부하가 걸린다. 나는 우리 매장 직원들에게 이런 이야기를 하곤 한다. "장사하는 사람에게 가장 필요한 게 뭔지 아나? 체력이 제일 중요하다." 이런 말을 들으면 직원들은 처음엔 어리둥절해한다. 그러나 고객 응대를 위해 한두 시간 따라다녀 보면 진이 다 빠진다는 걸 느낀다. 체력이 안 되면 장사를 할 수 없다.

사장이 되면 육체적, 정신적 한계를 모두 느낀다. 그중에서 육체적인 과부하는 직원이 대신할 수도 있다. 내가 잠시 쉴 수 있는 시간을 내볼 수도 있는데, 정신적 스트레스는 직원과 공유하지 못한다. 물론 멘털이 강한 사람이라면 혼자 극복할 수 있겠지만 한 번도 겪어보지 못한 스트레스에 처음 장사하는 사람들은 힘겨워한다. 나를 도와줄 단 한 사람이 있는 경우에는 이 대목에서 큰 도움을 받을 수 있다. 내 속에 있는 이야기들을 혼잣말로 뱉어내는 것보다 들어주는 사람이 있으면 스트레스는 줄어드는 법이다. 힘든 일도 나눠할 수 있고 고충도 이야기할 수 있다는 건 엄청난 힘이다.

입지를 해결하고 도우미 한 사람을 구해놓았다면 나머지 문제들은 그때그때 풀어나가면 된다. 충분히 대처할 수 있는 여건이 마련되는 것이다.

생각지도 못한 변수에 대처하려면

내 생각을 먼저 이야기하면서 다른 사람의 생각도 들을 수 있다. 혼자 모든 걸 판단하면 오판할 가능성이 높아져 실수할 확률이 높아진다. 나를 도와줄 도우미 한 사람을 구해놓지 못했다면 악수를 둘 수 있고, 상황은 훨씬 더 힘들고 빨리 지쳐갈 것이다.

만약 원 테이블 레스토랑 같은 콘셉트로 테이블 1~3개를 두고 오너 셰프가 혼자 운영하는 곳이 있다고 해보자. 이런 경우에는 일대일 대면이 될 테고 특수한 경우라고 봐도 좋다. 내 기술이 있고 사장에게 노하우가 있다면 도우미가 없어도 상관없다. 테이블 3개라면 얼마의 매출이 일어날지 충분히 예상할 수 있고, 큰 욕심 없이 일정 한도 내에서 투자하려고 할 것이다. 그것만 벌겠다고 결정하고 시작했으니까 스트레스가 크게 오지 않는다.

그런데 테이블이 많다면 정확히 사업에 대한 개념을 가지고 시작해야 한다. 대부분 처음 장사하는 사람들은 돈을 많이 벌려고 한다. 처음부터 작게 프레임을 정해놓은 사람은 거의 없다. 식당을 하겠다고 결심한 사람은 보통 돈을 벌기 위해 대중화된 아이템을 선정하려고 한다. 한 달에 한 번 먹는 특별한 메뉴의 레스토랑보다는 자주 먹는 김치찌개 집에 사람이 더 많이 몰리니까 서민적이고 대중적인 걸 택하기 쉽다. 이럴 때는 종업원들이 세팅돼 있을 것이고 그들을 관리할 수 있는 사람 역시 필요하다. 그래서 **동업자도 좋고 배우자도 좋고 친구도 좋고 내 마음을 하소연할 수 있는 도우미 한 사람이 오픈 초기에 필요한 것이다.**

'도우미 딱 한 사람'이란 자리를 잡을 때까지 동반자가 되어줄 메이트를 말한다. 마음을 맞춰서 매장을 세팅하고 키울 수 있는 사람이면 좋다. 시행착오를 최소화하기 위해서 기왕이면 직원보다는 동반자가 있어야 한다. 장사를 시작하면 직원이 애를 먹이는 상황도 많이 발생하는데, 동반자라면 그걸 커버해 줄 수 있다.

장사를 시작하면 엄청나게 생각을 많이 하게 된다. 잘 돼도 걱정, 안 돼도 걱정이다. 무단결근하는 직원, 진상 고객 등 수많은 변수에 시간을 빼앗기면 사장이 진정 해야 할 사업 설계 부분은 집중하기 힘들다. 사장은 책임져야 할 것이 많은데 스트레스에 에너지가 새어나가면 장사를 유지하는 것이 힘들어진다. 도우미가 없으면 오로지 혼자 감당해야 하니까 예비용 인력을 준비해두는 셈이다.

가족 단위의 매장이 늘어나는 이유

매장을 오픈하려면 인테리어를 마치고 직원까지 세팅을 끝내야 한다. 만약 전문 분야 매장이라면 해당 직종의 잡지에 구인광고를 낼 수도 있고, 식당이라면 구인 사이트를 이용할 수도 있을 것이다. 그러나 **직원은 어디까지나 보조이기 때문에 사장은 직원의 의존도를 낮춰야 안전하고 성공률도 높다.** 직원 의존도가 높을 때는 그게 나중에 다 부메랑으로 돌아올 수 있다. 일주일 만에 그만두는 직원, 하루 만에 그만두는 직원도 있고 출근하겠다고 해놓고 아예 안 나오는 사람도 있다. 그런 상황들이 커버가 돼야 한다.

장사뿐 아니라 회사에서도 그런 사람들이 있다. 이력서에는 자신을 엄청나게 포장해놓고 막상 겪어보면 실제로는 다른 경우도 많다. 그래서인지 근래에는 더욱더 가족 단위의 장사가 많아지고 있다. 가족의 도움 없이는 장사를 할 수 없는 시대가 됐고, 앞으로 그런 추세는 더욱 심해질 것이다. **장사하는 매장은 1인 매장이나 가족경영으로 많이 변화할 것으로 예상된다.**

그러다 보니까 요새는 요식업에서도 식당보다는 빵집이나 커피숍을 하는 사람들이 많아졌다. 수요가 늘어난 탓도 있겠지만, 장사를 많이 해본 사람들은 직원들 때문에 골치 썩기 싫으니까 고생을 덜 할 수 있는 아이템을 찾아다니는 것이다. 규제가 있긴 하지만, 커피숍은 규모를 크게 시작해도 식당에 비하면 직원이 많이 필요하지는 않다. 외곽 지역에서 커피숍이 대형화하는 경향이 있는 것은 시대상이라고 봐야 할 것 같다.

'도우미 딱 한 사람'을 구할 때는 웬만하면 가족 관계인 사람이 좋을 것이다. 그러다가 나중에 장사에 내공이 쌓이고 매장을 몇 개 더 해보는 경험이 쌓이면 그때는 굳이 도우미가 없어도 된다. 혼자 스스로 극복할 수 있는 능력이 생기면 육체적, 정신적 스트레스를 훨씬 줄일 수 있는 노하우도 생겨날 것이다.

3분 요약 체크-Chapter.1 공간의 법칙

◎ 어디서 장사할 것인가? 매장을 오픈하려면 가장 중요한 건 역시 입지다. 30년 넘게 장사를 해본 결과 매장의 자리를 고를 때 내가 가장 먼저 보는 것은 건물주다. 다음으로 차량의 이동량을 보라고 조언하고 싶다. 차량의 이동이 많다면 입지 조건으로는 최고다. 그리고 매장 앞에 주차할 수 있는 공간이 있는지를 꼭 확인한다.

◎ 대기업 브랜드에 업혀갈 수 있는 곳. 소상공인들은 굳이 복잡한 상권 분석을 할 필요가 없다. 대기업들을 벤치마킹하면 큰 흐름에서는 답이 나온다. 또한 한곳에서 길게 장사할 것을 감안한다면 앞으로의 발전 가능성을 충분히 검토하는 것이 좋다. 상권이 앞으로 어떻게 변모해갈지 예상해 보는 것이다.

◎ 잠재 고객이 많은 곳을 알아내는 법. 상권 분석은 숫자보다는 전체적인 상권의 분위기를 봐야 한다. 상권에 따라 다르겠지만 외곽 지역일 때는 유동인구 조사가 필요 조건은 아니다. 유동인구 조사를 잘한다고 해서 장사가 잘 되는 건 아니다. 잠재 고객은 특별히 따로 있다기 보다 인구가 많으면 잠재 고객이 많은 것이다. 밀도가 높으면 잠재 고객은 훨씬 더 많다.

◎ 30년 쌓인 나만의 입지 선정 노하우. 노하우를 듣고자 나에게 조언을 구해오는 사람들이 있을 때 나는 차별화를 이야기한다. 근래에는 점포 규모가 점차 대형화, 전문화되는 추세가 있어서 경쟁 점포에 비해 건물 규모나 내부 시설이 빈약하면 경쟁에서 승리할 수 없다. 개인이 동원할 수

있는 자본에는 한계가 있기 때문인데, 이럴 때 규모의 차별화를 주기 위해 적용하는 방법이 있다. 흔히 1 대 1.3이라고 부르는 법칙으로 심리학에서 말하는 차별화의 비율을 적용하는 것이다. 크기나 수량이 1.3배 이상이 되면 그 차이가 분명히 구별된다. 따라서 자금 여력이 충분치 않을 때는 건물의 넓이와 깊이의 비율을 따져보는 것을 고려할 수 있다.

◎ 인테리어는 넓게 보이는 게 일 순위. 인테리어에서 가장 중요한 1순위를 꼽자면 시각적으로 넓게 보이는 것이다. 매장을 준비할 때부터 많이 다녀보면서 인테리어 트렌드를 보고 자료를 수시로 스크랩을 하거나, 오픈하는 시점에 집중적으로 여러 군데 다니면서 좋아하는 스타일을 벤치마킹하면 된다. 외관 인테리어를 할 때는 아무리 좋아하는 게 있다고 해서 무조건 쓰는 건 곤란하다. 또한 나는 고객동선 보다는 직원들 동선을 먼저 고려해서 내부 설계를 짠다. 직원이 편하게 일해야 훨씬 효율적으로 할 수 있다. 그게 결국 고객에게도 좋은 일이다.

◎ 나를 도와줄 도우미 딱 한 사람. 매출에 영향을 미치는 매장의 위치와 규모를 정하고, 매장 콘셉트를 구현할 수 있는 인테리어를 시작했다면 공사를 하는 동안 매장을 오픈하기 전까지 내가 중요하게 생각하는 꼭 갖춰야 할 것이 하나가 있다. 나를 도와줄 수 있는 한 사람을 구해놓는 것이다. 배우자이든 친척이든 친구이든 무조건적인 협력을 해줄 파트너가 꼭 한 명은 있어야 한다. 혼자 의사결정을 해나가다 보면 판단을 잘못할 수 있고, 객관적인 시선으로 나에게 도움이 될 수 있는 조언을 옆에서 해줄 사람이 필요하다. 근래에는 더욱더 가족 단위의 장사가 많아지고 있다. 가족의 도움 없이는 장사를 할 수 없는 시대가 됐고, 앞으로 그런 추세는 더욱 심해질 것이다. 장사하는 매장은 1인 매장이나 가족경영으로 많이 변화할 것으로 예상된다.

내가 심은 나무는
내가 주는 물을
먹고 자란다

The tree I planted grow up as water I give.

Chapter. 2

신규 고객을 부르는 프로모션의 법칙

- 오픈 3개월 후가 진짜 실력이다
- 경쟁할 것인가, 피할 것인가
- 단골은 사장의 팬이다
- 첫 손님을 얻기 위한 치열한 프로모션
- 개업식으로 시선 집중과 기대 심리를 끌어내기
- 사장이 없으면? 매장 운영 매뉴얼
- 매출일기를 수기로 적어라

오픈 3개월 후가 진짜 실력이다

장사를 세팅하고 시작만 하면 바로 돈을 긁어모을 것이라 생각하는 사람이 많을 것이다. 그러나 어느 정도 안정된 시기라면 모를까, 사장은 처음부터 누릴 수 있는 자리가 아니다. 장사를 처음 하면 상상을 초월하는 일을 많이 겪는다. 마음을 단단히 다잡고 갖가지 스트레스에 대비해야 한다. 매장을 오픈하면 가장 신경 쓰이는 것은 매출, 그다음은 고객 창출이다. 한 번도 이런 걸 걱정해 보지 않은 사람은 이게 엄청난 스트레스다. 매일 농작물을 사 먹다가 직접 농사를 지어야 하는 상황처럼 답답하고 가슴이 꽉 막힐 것이다.

어떻게 해야 매출을 올릴 수 있을까? 어떻게 해야 고객을 오게 할 수 있을까? 사실 그것만 고민하기에도 벅찬데 직원까지 애

먹이는 상황은 반드시 온다. 세상에 내 마음 같은 사람은 없다는 걸 절감하게 된다. "도대체 어떻게 저런 생각을 할 수 있지?"라는 말이 나올 정도로 믿을 수 없는 일들이 눈앞에서 벌어진다. 직원들 때문에 생기는 그런 일들을 감당하는 것도 사장은 대비해야 한다.

또 벌어질 수 있는 일은 경쟁 상황이다. 손님들이 와서 "옆집은 이렇던데" 하는 순간 스트레스 지수가 확 올라간다. 따지듯이 신경질이라도 내면 스트레스는 더 심하다. 비교당하는 것은 누구라도 싫어하는 일이지만, 그런 일이 있고 나면 성장이 있어야 한다. 자존심 상하고 비교가 싫지만 비교를 당한 후에는 그걸 초월해서 적응해야 한다. 회사에 다닐 때는 비교당하는 대상과 안 부딪히고 피하면 된다. 그런데 주변 상권에서 비슷한 매장이 경쟁하고 있으면 피할 수가 없다. 경쟁자와 비교당하면 잘못한 것도 없는데 마치 잘못한 게 있는 것처럼 머리가 지끈거린다.

사장이 겪을 수 있는 스트레스에는 비용적인 문제도 있다. 일정하게 고정비가 들어가는 건 날짜도 금액도 정확하지만, 그 외에 아무도 예상 못 한 일이 갑자기 벌어질 수 있다. 보이지 않는 미지의 세계가 나를 기다리는 것이다. 초보 사장이 한 번도 겪어본 적 없는 일을 헤쳐나가다 보면 기분이 좋았다 나빴다 널을 뛴다. 매출과 비용에 기복이 심하면 감정 컨트롤까지 점점 힘들어진다.

건물주 눈치, 경쟁자 눈치, 고객 눈치

사장은 매장 안에서 위에 상사가 없지만, 대신 건물주(집주인)를 모시고 살아야 한다. 건물주는 잠깐 들르기만 해도 긴장이 된다. 집세를 올려 달라고 하지 않을지, 나가라고 하지는 않을지, 혹시 무슨 일이 있을까 봐 몸이 경직된다. 매장이 목 좋은 데 있으면 집주인 눈치까지 봐야 한다. 장사가 안 돼도 걱정, 잘 돼도 걱정이다.

회사에서는 내가 큰 잘못을 저지르지 않는 한 쫓겨날 일이 없다. 법적으로 정년퇴직도 있고 내가 안 나가는 이상 잘릴 일이 별로 없다. 그런데 장사하는 사장은 길면 5년 만에, 짧으면 2년 만에 잘릴 수도 있다. 장사가 잘 되면 잘 되는대로 월세를 올리려는 집주인 때문에 사장은 쫓겨날지 몰라 바늘방석이 되는데, 그걸 안 당해본 사람은 잘 모른다. 매출을 올리는 것도 어렵지만 내 의지와는 상관없이 벌어지는 변칙이 많기 때문에, 장사를 어렵다고 하는 것이다.

경쟁자와 경쟁해야 하고 집주인 눈치도 봐야 하고 직원도 살펴야 하고 동네 사람들에게 이미지 관리도 해야 하는 게 장사다. 눈칫밥을 먹고사는 게 바로 장사다. 그런 것들을 살펴보지 않고 장사를 쉽게 생각하니까 성공할 확률이 낮은 것이다. 식당으로 예를 든다면, '맛있는 음식 만들어서 잘 팔면 되지'라고 생각하지만 그게 전부가 아니다. 성실함도 보여야 하고 매장에 변화도 줘야 하고 직원 관리를 위해 시스템도 정비해야 하니까 할 일은 생각보다 많다.

사업을 하는 사람도 어떤 비즈니스를 처음 시작할 때는 자기가 어떤 콘텐츠를 가졌느냐, 어떤 콘셉트냐가 중요하지만 시간이 흐르면 그 중요도는 점점 줄어든다. 처음엔 비중이 100이었다가 70이었다가 40이었다가 20이 된다. 성패를 좌우하는 핵심이 점점 다른 곳으로 전이되고 확장된다. 사람이 개입해 경제활동을 하는 모든 것들이 생리가 비슷하다.

어느 아파트 지하상가에 칼국수 집이 있다. 지척 거리에는 칼국수 집이 또 하나 있는데, 그곳은 손님들이 매일 30명씩 줄을 서서 기다린다. 그런데 웬일인지 옆집은 손님들이 잘 오지를 않는다. 그렇다고 맛이 그렇게 차이 나는 것도 아니어서 옆집 사장은 미칠 지경이다. 같은 메뉴를 파는데 30명씩 기다리는 줄이 있으면 기다리기 싫은 사람은 이 집으로 올 법도 한데, 사람들은 절대 그렇지가 않다. 그게 바로 소비자의 군중 심리다. 기다리기 싫은 사람이 몇 명은 있을 법도 한데 참 희한하다.

사람들은 이럴 때 상상을 한다. '다른 사람들은 저 집에 왜 안 가는 거지? 맛이 비슷하다고? 에이 그래도 뭔가 있으니까 안 가겠지' 하는 마음인 것이다. 그래서 장사가 잘 되는 곳은 신규 고객을 더 빨아들인다.

오픈빨은 3개월, 그 후를 대비하라

처음 매장 문을 열 때 오픈 행사를 할 것인지 말 것인지 고민하는 사람이 많다. 하는 쪽으로 결정한다면 비용이 꽤 들어가기 때문에 돈 없이 시작하는 초보 사장 입장에서는 마음이 왔다 갔다 할 것이다. **만약 나에게 의견을 묻는다면 나는 개업식을 하라고 조언하고 싶다.**

오픈 행사를 하는 이유는 줄 서 있는 걸 보여주기 위해서다. 사람이 북적북적해야 지나가던 사람들도 '저 집 괜찮나 보다' 하는 생각을 한다. 홍보가 안 된 상태에서 지인들에게 초기 매출을 올리려는 목적도 있지만, 붐비는 집이 장사가 더 잘 되기 때문에 사람을 끌어모으기 위해 오픈 행사를 하는 것이다. 심지어 처음 며칠 동안은 알바를 동원해서 줄을 세우는 경우도 있다.

장사하는 사람들 사이에서는 오픈빨로 최고 매출을 찍으면 평상시 매출은 그걸 못 넘는다는 이야기를 하는 사람도 있다. 내가 고등학교 3학년 때 학기 초에 첫 학력평가를 보고 나서 담임 선생님께 이런 이야기를 들었다. "너희들의 지금 점수가 마지막 점수 ±10점이다. 너희들이 할 수 있는 모든 에너지를 동원해 첫 모의고사를 치렀기 때문이다. 다음에 더 열심히 해도 다른 사람 역시 더 열심히 할 것이다."

장사를 오래 해보면 처음 오픈했을 때 가장 에너지를 많이 쏟는다는 걸 알 수 있다. 시간이 지나면 아는 사람이 도와주는 매출은 빠지고 한 번 왔다가 또 오는 재방문 고객이 자리를 채운다. 지인들은 얼굴 볼 겸 한 번 팔아주러 가는 것이면 모를까 멀리 있는 곳까지 잘 안 오기 마련이다. 그나마 지인 매출이 빠지고 재방문 고객이 채워지는 비율이 비슷하다면 장사를 잘 하는 것이다.

그런 이유로 **오픈한 지 3개월 정도가 지나면 매출이 훅 빠진다. 그때부터가 진짜 그 매장의 매출 성적이다.** 고객은 오픈하자마자 금방 오는 사람도 있지만 계속 눈여겨보다가 나중에 오는 사람도 있다. 그래도 최대 3개월 안에 한 번은 오기 때문에 동네 장사라면 3개월 후부터가 진짜 장사의 시작이다. 초보 사장이 착각하고 있던 거품이 걷히는 시기다. 처음에는 이렇게 생각했을 것이다. '이대로면 대박 날 것 같아. 금방 부자 되겠어.' 그러나 3개월이 지나고 지인 찬스가 빠지면 그때부터 정신이 번쩍 든다.

장사를 잘하는 사람들은 그 3개월간 관리를 잘한다. 꼬리에 꼬리를 물고 방문하도록 유도하는 사람은 매출이 덜 떨어지면서 매출을 유지할 것이다. 내가 젊어서 장사하던 때는 경제 성장기라서 사람들은 여유도 있고 빡빡하지 않았다. 그렇지만 지금은 포화 상태의 저성장 시대다. 예전의 매장은 3개월이 지나도 어느 정도는 매출이 메워졌고 경쟁자도 적었지만, 이제 그런 호황은 구경하기 힘들 것이다. 지금은 모든 업종이 치열한 경쟁 속에 있기 때문에 3개월 후 떨어진 매출을 금방 회복시킬 수 있는 사람이 과연 몇 명이나 될까 싶다.

흔히 장사는 목이 좋아야 한다고 말한다. **3개월이 지나 오픈빨이 빠지고 난 후의 매출은 그 매장이 자리하고 있는 목의 실제 점수이기도 하다.** 최소한 그 점을 알고 있어야 준비하고 대응할 수 있다. 안심하고 있다가 가짜 매출에 속고 좌절할 수는 없다.

경쟁할 것인가,
피할 것인가

장사의 성패를 가늠할 때 상권은 중요한 요소가 된다. 인구밀도가 높은 좋은 상권에다 A급 자리라면 잠재 고객 수가 많고 매장이 눈에 잘 띌 테니 누구나 탐낼 것이다. 그러나 가진 자금이 한정적이라면 누구나 그런 자리에서 시작할 수는 없다. 그럴 때 선택할 수 있는 것은 B급의 입지라 해도 매장의 차별화로 승부를 걸어보는 것이다. 그러고 나서 장사가 잘 되고 '그들은 행복했습니다'로 이야기가 끝나면 좋겠지만, 장사가 잘 되는 곳에는 시간이 지나면서 경쟁이 붙는다. 이걸 처음부터 염두에 두는 사람은 미리 대비할 수 있다. 파이가 큰 시장 안에서 경쟁할 것인가, 유일무이한 콘셉트에 집중해 경쟁을 피할 것인가, 선택하는 것이다.

좋은 상권은 잠재 고객 수만 따지는 것이 아니라 경쟁업체가 얼마나 있는지, 얼마나 가까이 있는지도 포함한다. 장사를 하는 사장의 성향에 따라 선택은 두 가지가 있다. 경쟁업체가 있는 곳에 바로 붙어서 전체 파이를 키우는 것, 그리고 경쟁이 아예 없는 곳에서 시작하는 것이다.

장사를 하고 싶은 지역을 정하고 그곳이 경쟁이 심한지 아닌지를 알아보려면, 같은 업종의 점포 수를 보면 될 것이다. 업종에 따라 들리는 소문을 수집할 수도 있다. 만약 식당을 한다면 잘 되는 집의 매출을 짐작해 보는 것이다. 요즘에는 카드를 쓰기 때문에 비밀이 없어서 같은 업종이라면 80~90% 알 수 있다.

초보 사장의 경우에는 대부분 시장이 포화 상태가 아닌 곳을 찾아다닌다. 나 또한 초보일 때는 경쟁이 심하지 않은 빈 곳을 찾아다녔다. 그러나 지금 대한민국은 좁은 땅덩어리에 경쟁자 없는 곳이 없다. 어딜 가나 나눠먹기는 있고 그 틈새를 비집고 들어가야 한다. 경쟁이 없는 곳이라면 신도시밖에는 없을 것이다.

신도시로 들어가는 것도, 이미 상권이 형성된 곳으로 가는 것도 사장의 성향에 따른 선택이다. 신도시에 가면 경쟁자가 없어서 처음엔 독점할 수 있고 쉽게 장사하는 것처럼 보이겠지만 그게 끝이 아니다. 슈퍼마켓을 열었다고 한다면 처음에는 갈 데가 없는 사람들이 선택지가 없으니까 그곳을 가겠지만 몇 년이 지나면 나중에 경쟁자가 붙는다. 장사에서 진짜 선수들은 기다렸다가 검증된 곳에 진입하기 때문에 결국에는 양상이 바뀐다.

안경원 사장이 자금이 많이 없어서 30평짜리 매장을 냈다고 해보자. 처음에는 잘 되다가도 2~3년 지나서 그 옆에 더 큰 안경원이 입점하면 판이 달라진다. 인구가 많은 지역일수록 이런 양상은 더 확실하다. 돈 없는 사장이라면 그걸 알고 시작해야 한다. 그저 열심히 하겠다는 마음만 가지고 경쟁하다가는 망하기 십상이다. **그래서 신도시에 처음 들어가는 사람에게 나는 시작부터 크게 차리라고 조언한다.** 그렇지 않으면 몇 년 후 더 큰 매장이 들어왔을 때 고객들은 그쪽으로 몰리고 경쟁에 밀려 투자금을 그대로 말아먹기 때문이다. 눈에 보이지 않는 변수는 언제나 도사리고 있다.

경쟁을 두려워하지 마라

신도시에서 슈퍼마켓을 작게 차려서 처음에는 장사가 잘 되던 곳이 있다고 해보자. 1~2년 후 100~200평 매장이 오픈하면 손님이 그리로 확 몰린다. 처음에 신도시에 들어갔던 매장은 잘 되는 곳인지 아닌지 샘플이 된 것이다. 만약 신도시에 들어갔는데 장사가 잘 안 됐다면 선수들은 절대 그곳엔 안 들어갈 것이다. 만약 20평짜리 안경원을 했는데 잘 된다면 영업사원들이 "장사가 잘 돼서 밥도 못 먹고 일한다"라고 엄청 떠들고 다닐 것이다. 그러면 상권이 증명된 것이다. "저 집 장사 안 돼" 소문이 난다면 그곳은 시장성이 없는 곳이다. 처음부터 들어갔던 사람은 대신 상권분석을 해준 셈이다.

자영업자들 중에도 큰손들이 있다. 그들 중 진짜 선수들은 경쟁 매장 바로 옆에 붙는 걸 겁내지 않는다. 물론 '선점한 매장이 여기 있으니까 나는 다른 곳에 가서 하겠다'고 생각하는 사람도 있겠지만, 진취적이고 승부욕이 강한 사람은 자신만의 무기를 가지고 옆에 붙어서 경쟁한다.

경쟁 매장이 들어오면 뺏기는 손님도 있지만, 그 경쟁 자체를 무서워해서는 안 된다. 제대로 타깃팅이 된다면 오히려 시장의 파이가 커져서 더 좋을 수도 있다. 두려워한다는 건 실력에 자신이 없다는 것이고 그럴 바에는 장사를 하지 않는 편이 낫다. 경쟁이 없는 곳을 찾으면 대박 난다는 그런 시대는 이제 지났다.

그러니 내가 초보 사장이라고 해서 처음부터 경쟁을 겁낼 필요는 없다. 자본이 적고 좋은 자리를 얻을 수 없다 해도 경쟁에서 이기기 위한 전략은 있다. 자리가 조금 외지더라도 규모로 승부를 보는 것이다. 그럴 때 최소 130% 규모를 키워야 위치 핸디캡을 커버할 수 있다. **소비자의 인식은 기존에 다니던 매장보다 규모가 작으면 '특별한 게 뭐 있겠어?'라고 생각할 것이다. 그런데 130% 이상 크다면 그 차이를 단번에 느끼기 때문에 '새로운 게 들어왔으니까 가볼까?' 하는 호기심이 생긴다.** 매장에 들어가겠다는 동기부여를 줄 수 있는 수치가 130% 크기다.

소비자는 습관대로 행동하는 습성이 있기 때문에 갔던 곳으로 다니지, 굳이 외진 데로 갈 이유가 없다. 새로운 매장이 들어와도 규모가 비슷하거나 작으면 한 번도 안 갈 확률이 크다. 그러나 좀 큰 데가 들어오면 호기심으로 한 번은 가본다. 일단 한 번 갔다가 괜찮으면 또 가기 때문에 그 흐름을 바꿀 수 있다.

신도시라고 해서 대기업 자본들만 살아남을 것이라고 지레 겁먹을 필요도 없다. 그 지역 특색에 따라 양상은 다를 수 있다. 안경의 경우를 보면 평촌이 좋은 예다. 평촌 신도시가 생겼을 때 강남, 분당에서 성공했던 고급 브랜드들이 여러 군데 들어왔다. 그런데 2년을 기점으로 줄줄이 실패하고 철수했다. 소득 수준이 달랐던 것이 원인이었는데, 대신에 중저가 브랜드는 들어와서 장사가 잘 됐던 것과 대비된다.

경쟁과 상관없이 장사하는 법

규모를 키울 자금이 없을 때 다음 차선책으로 삼을 수 있는 건 뭐가 있을까? 장사는 세 가지가 있으면 성공한다. **첫째 돈이 있어야 한다.** 돈이 있으면 초기 가격 경쟁에서 뭔가 해볼 수 있다. 문제는 대부분 이 자금이 부족하다는 것이다. 규모를 크게 하고 싶어도 그렇게 하지 못하고 가지고 있는 돈에 맞춰서 정해야 한다. 그런데 돈 없는 사람이 시작하는 게 또 장사다.

돈이 없을 때는 둘째, 셋째 조건을 갖추면 된다. **둘째는 실력이 있으면 된다.** 그런데 사실 실력은 주관적인 것이라서 “나는 진짜 맛있어” 하는데 누군가는 “별론데”, “그냥 그렇던데” 할 수도 있다. 고만고만한 실력을 가지고 스스로 평가하면 안 된다. 실력은 누구나 공감할 수 있고 누구에게도 인정받을 수 있는 실력이어야 한다.

셋째, 돈도 실력도 없으면 친절하면 된다. 친절은 마음을 움직인다. 돈이 없어서, 배운 것도 없고 할 줄 몰라서 장사를 못한다는 사람이 있다. 그런데 못해도 된다. 마지막 무기가 있기 때문이다.

얼마 전에 내가 운영하는 한국안경아카데미에 찾아온 안경사가 있었다. 그는 안경원에서 근무해본 경험도 없고 졸업하고 이제 막 자격증을 딴 사람이라서 아무것도 모르는 안경사였다. 아버지가 안경원을 차려줬다는데 어떻게 운영하려고 그러냐고 물었더니 직원을 고용하고 책임자를 써서 하겠단다. 4주간의 교육이 끝난 후에 마지막 질문을 하라고 했다. 그랬더니 며칠 뒤에 매장 오픈을 하는데 조언을 구한다고 했다. 인테리어도 마쳤다는데 “하지 말라”고 초칠 수도 없는 상황이라 이렇게 말했다.

“이왕 서시른 거니까 되고 안 되고는 네 팔자다. 이왕 이렇게 된 거 한 가지만 알려줄 테니, 성공하면 나중에 밥이나 사라. 아무것도 모르는데 너는 사장이잖아. 그러니까 무조건 친절하면 된다. 뭘 하려고 하지 마라. 기술 습득은 이미 늦었으니 천천히 배우고 연습해라. 대신에 친절해야 한다. 손님이 들어올 때 문 열어주고 90도로 인사하고 나갈 때 90도로 인사해라. 그 손님이 다음에 또 오면 네가 사장이라는 걸 알 거다. 딱 그것 하나만 해라. **친절을 베푸는 건 진짜 사장의 또 다른 무기다.**"

단골은 사장의 팬이다

고객에게 제공할 기술도 중요하지만, 장사에서는 고객의 마음을 내 편으로 만드는 기술이 무엇보다 중요하다. 구매할까 말까 고민하고 있는 고객을 랜딩(landing) 시키는 기술이다. 사람마다 그 매장에 오는 이유는 여러 가지가 있겠지만 크게 세 가지로 구분할 수 있다. 첫째, 가격 때문이다. 싸다는 이야기를 듣고 일부러 오는 것이다. 둘째, 가까워서 그 편의성 때문에 오는 것이다. 이런 사람들은 가격이 조금 비싸도 크게 개의치 않는다. 셋째, 전문성을 보고 오는 고객들이다. 그 매장이 제공하는 가치에 의미를 두는 사람들이다.

흥정이 가능한 업종일 때는 고객이 가격을 보고 온 건지 정확히 파악할 수 있어야 한다. 직원들 교육을 시킬 때도 이때는 획일적으로 매뉴얼을 정하면 안 된다. 고객과 대화해 보면 그 사람이 어떤 걸 중시하며 살아왔는지 구매 스토리를 볼 수 있다. 이마트에서 장 보던 고객에게 백화점 슈퍼마켓 가격을 제시하면 비싸 보일 것이다. 단순히 파는 것만 목적으로 두지 말고 여기까지 오게 된 과정, 원하는 게 뭔지를 찾아야 한다. 그 사람의 영향력을 파악해서 투자 값어치가 있다고 판단되면 밑져도 팔 수 있어야 한다. **한 번 팔고 다시는 보지 않을 것처럼 하면 안 된다. 그 고객의 재방문과 입소문까지 내다볼 수 있어야 한다.**

사장과 달리 종업원은 실적을 올려야 하기 때문에 그런 게 잘 안 보인다. 그러나 사장은 당장의 실적보다는 오래 장사를 지속해야 하기 때문에 입장이 다르다. 롱런하기 위해서는 좋은 이미지를 만들어야 한다. 고객 한 명 한 명을 읽고 상황을 해석할 수 있는 스킬이 필요하다(고객 응대와 관련해서는 『장사의 원리』 시리즈 중 세 번째 '고객편'에 단골 응대가 별도로 필요한 이유, 단골 응대 방법, 반 박자 빠르게 고객의 마음을 읽는 법 등 자세한 설명을 담았다).

우리 매장에서 안경사로 일하다가 새로 매장을 오픈한 후배 한 명이 어느 날 나에게 그런 말을 했다. "대표님 밑에서 기술도 배웠지만 장사도 잘 배웠습니다. 그중에 정말 중요한 게 하나 있었어요. 말을 많이 안 하지만 대표님은 항상 반 박자 빨라요. 그 손님이 가격에 예민한지 다른 거에 예민한지 잘 아세요. 다음에 오면 그 손님은 마니아가 돼 있죠." 옆에서 3년간 지켜보면서 처음엔 어떻게 저게 가능할까 궁금했다고 한다. 지금은 자신도 고객의 마음을 캐치하려고 노력하고 있단다. **고객이 뭘 원하는지 알고 반 박자 먼저 움직일 수 있는 사람은 장사를 잘할 수밖에 없다.** 그게 안 되는 사람은 상대가 누가 됐든 자기가 하고 싶은 말만 할 것이고 단골을 만들기보다 물건만 팔다 끝날 것이다.

단골은 직원보다 사장을 찾는다

고객을 불러 모으고 사장의 팬이 되게 하는 것은 장사의 핵심 기술이다. 잘 되는 식당의 사장은 절대 주방에만 틀어박혀 있지 않다. 항상 얼굴이 보이는 카운터에 있다. 그러면서 계산하고 나가는 손님들에게 말 한마디씩 꼭 해준다. "맛있게 드셨어요?"로 시작해서 대화를 좀 더 이어간다.

연희동의 어느 냉면집 사장님은 10년째 카운터에 앉아서 들어오고 나가는 손님들에게 "안녕하세요", "또 오세요"만 한다. 출근할 때는 고급 수입차를 타고 사모님으로 와서 옷을 편한 복장으로 갈아입고 앞치마를 두른 다음에 "잘 드셨어요?", "또 방문해주세요"를 반복한다. 그 사람은 사장의 업무가 무엇인지 잘 알고 있는 사람이다.

안경원 매장의 내 책상 안에는 마이쭈 같은 사탕 종류가 항상 들어 있어서, 지나가다가 아이들이 보이면 나눠준다. 재래시장에서 아기 손님을 만나면 시장 상인이 요구르트를 건네는 것과 똑같다. 직원들이 누구나 다 나눠주는 건 손님들이 좋아하지 않는다. 사장이 특별히 자기 책상에서 꺼내 주면 단골들은 좋아한다. 내가 단골들을 위해 따로 주문 제작을 해놓은 커다란 안경수건이 있다. 보통 안경 닦는 수건이 500원이라면 이건 단가 2000원이 넘는 큰 수건이다. "오랜만에 오셨는데 선물 하나 드릴게요"라고 건네면 단골들이 좋아한다. 그것 때문에 오는 고객도 있을 정도다. 소비자가격도 일부러 8천 원으로 붙여놨다. 내가 따로 제작한 것이라서 가격은 어떻게 붙여놔도 된다. 다만 직원은 절대 주지 못하게 한다. 단골들에게 특별대우를 해주기 위한 품목이기 때문이다. 이런 것들을 구상하고 개발하는 것이 친절의 방법이 될 수 있다.

"어제 우리 애가 왔다 갔는데 사장님 안 계셔 가지고 안경 피팅이 잘 안 됐어요. 다음 주 수요일에 다시 올게요." 길에서 만난 단골이 이렇게 말했다면 기억하고 있다가 반드시 수요일에는 매장에 있어야 한다. 이런 디테일을 제대로 만족시켜 주면 고객은 떠나지 않을 것이다.

첫 고객을 얻기 위한 치열한 프로모션

매장은 실제 존재하는 공간이고 그곳에서 사장과 직원은 직접 소비자를 대면한다. 그래서 꼭 알아야 하는 것이 소매 마케팅인데, 그 핵심은 고객의 마음을 움직이는 것이다. 인간은 육체와 마음이 어우러져 있는 존재인데, 매장도 여기에 대비해 볼 수 있다. 매장은 육체에 해당하는 점포와 마음에 해당하는 콘셉트로 이루어져 있다. 인간에게 마음이 없으면 살아 있는 것이 아니듯, 매장도 콘셉트가 있어야 존재 가치가 돋보인다. **고객으로부터 이 콘셉트에 대한 긍정적인 반응을 불러일으키면 소매업은 성공이다.**

대부분의 매장들은 대략적으로 점포의 환경을 개선하는 선에서 운영하는 경우가 많다. 매장의 콘셉트는 이성적으로도 감성적으로도 설득돼야 한다. 이성적인 부분은 지역의 특성과 접근성, 입지조건, 영업방법, 상품과 서비스의 양과 질, 가격, 상품 구비와 매장 인테리어 등이 해당된다. 여기에 더해 감성적인 접근이 필요하다. 어떤 최상의 가치를 고객에게 전달하면 만족시킬 수 있을까 생각하는 것이다.

"현대 소매업은 심리전이다"라는 말이 있다. 이 말은 예전의 상품 구색, 진열, 레이아웃 같은 1차원적인 경쟁이 아닌 콘셉트의 차별성과 고객 만족을 얻기 위해 치열한 싸움이 벌어지고 있다는 뜻이다. 장사에도 장기적인 차원의 전략이 필요하고, 경쟁점포와 차별화된 공간을 어떻게 만들 것인가 고민해야 한다는 의미다. 어떻게 하면 보이지 않고 예측할 수 없는 고객의 마음을 만족시켜 매장의 콘셉트를 지지하는 고정 고객을 확보할까? 인간이 지닌 본성, 욕구, 정념, 체험 등에 맞는 차별화된 매장의 배경과 이미지를 만들어야 하는 것이다. **매장의 콘셉트에서 감성적인 설득은 지역 사람들과의 관계를 중요시하고 고객 한 사람 한 사람에게 인간적으로 접근하며, 우리 매장의 전문성을 통해 신뢰감을 형성하는 것이다.**

그런데 이렇게 열심히 준비해놓은 콘셉트가 있어도 손님이 매장까지 오지 않으면 아무 소용이 없다. 막상 매장을 열었는데 아무도 관심을 가지지 않으면 사장은 멘털이 무너져내릴 것이다. 오픈 후 첫 손님, 첫 단골을 만들기까지는 각고의 노력이 필요하다.

프라이팬을 든 광대 사장

직장인들 타깃의 상권에서 식당을 연 사람이 있었다. 돈이 많이 없으니까 지하에 매장을 얻긴 했지만 기술 연마를 잘 마쳐서 호기롭게 문을 열었는데 손님이 오지 않았다. 이 사장은 자신의 식당이 맛있다는 걸 알리기 위해서 어떻게 하나 싶어서 몇 날 며칠을 고민했다. 결국 그는 식당이라면 어디에나 있는 것을 이용하기로 작전을 짰다. 바로 프라이팬이다.

점심시간에 직장인들이 삼삼오오 길거리에 쏟아져 나오면 그는 밖으로 나가서 프라이팬을 두드렸다. 이 건물 지하에 맛있는 식당이 문을 열었으니 오라고 알린 것이다. 광대가 사람의 이목을 끌기 위해 노력하듯이 그는 프라이팬을 두드리면서 오픈을 알렸다. 처음에 사람들은 힐끗 보고 그냥 지나갔다. 며칠 동안 프라이팬을 두드렸다고 해서 사람들이 금방 오지는 않았다. 그런데 일주일 정도 계속하자 신기하게 생각한 사람들이 한두 명씩 식당에 오기 시작했다.

모든 광고는 일단 시선집중이 중요하다. 이 사람은 그걸 잘 알고 있었던 것이다. 지하 식당이라서 들어가도록 유도하기까지는 힘들었지만 일단 들어가서 먹어본 사람은 맛있다고 평가했다. '어 괜찮네' 하는 반응이 생기면서 단골이 한두 명씩 늘어났고, 프라이팬 든 사장님은 바로 그 거리에서 화제가 되었다. 주변 일대에서 그 사람을 모르는 사람이 없게 된 것이다. 그대로 해피엔딩이면 좋겠지만 장사를 하다 보면 돌발변수가 튀어나오는 경우가 참 많다. 자꾸 사람들이 그 집으로 몰리자 주위에서는 시샘 아닌 시샘을 했고 주변 상권에서 견제를 받을 정도가 되었다.

독보적으로 장사가 잘 되는 집이 있으면 식품위생법으로 고발을 한다든가 과대광고로 신고를 한다든가 별일이 다 있는데, 여기서도 그런 일이 발생했다. 그러나 그 사장은 흔들리지 않았고 나중에는 더 리얼하게 눈에 띄기 위해 빨간 립스틱까지 바르고 프라이팬을 두들겼다. 그는 돈은 없었지만 용기가 있는 사람이었다.

업종을 불문하고 장사를 하는 사람이라면 그 정도 열정은 있어야 성공할 수 있다. 보통은 그걸 잘 못하면서 장사를 쉽게 생각한다. '매장 열면 손님이 들어오겠지' 하고 막연히 생각하는 사람이 태반이다. 나는 장사를 해보고 싶다고 조언을 구해오는 사람에게 그런 말을 하곤 한다. "길거리에 프라이팬 들고 나가서 두드릴 자신 있습니까?"

제이에스티나라는 주얼리 브랜드는 강남에서 매장을 열었는데, 에버랜드 퍼레이드처럼 백설공주 같은 드레스를 입은 백인 미녀들을 섭외해 1시간에 10분씩 퍼레이드를 했다고 한다. 그 뒤에는 시종들이 뒤따랐다. 브랜드 이름이 유럽의 어느 공주를 이미지화한 것이라서 프로모션에도 그걸 반영한 것이다.

이런 이벤트는 매장의 콘셉트마다 아이디어를 달리해서 시대적 트렌드에 맞게 적용하면 된다. 내가 대구에서 안경원을 할 때도 치열한 개업식 현장을 많이 목격했다. 오케스트라 단원들을 초대해 합주하는 곳도 있었다. **다만 조심해야 할 것은 마케팅으로 주목을 끌었다가 한순간에 폭삭 망할 수 있다는 것이다. 실력이 뒷받침되지 못하면 벌어질 수 있는 일이다.** 주목을 끌어서 사람들이 몰려들었는데 맛이 없다는 게 소문이 나면 일찍 망해버리는 이유가 된다. 그래서 우선은 자신의 업에 대한 이해가 필요하고 실력을 구비하고 있어야 한다. 그게 아니라면 차라리 시행착오를 겪으며 천천히 가는 게 오히려 좋다.

『육일약국 갑시다』의 저자는 마산역 앞에서 택시를 타면 늘상 이렇게 말했다고 한다. "육일약국 갑시다!" 2.5평 남짓 되는 약국이니까 처음에 택시 기사는 당연히 몰랐을 것이다. "거기가 어디예요?" 물어보면 "약 잘 짓는 유명한 약국인데 몰라요?" 하면서 자세히 알려주었다. 그걸 매일 한 번씩 하면서 택시비를 광고비로 썼다고 한다. 그랬더니 어느 날부터는 택시를 타고 "육일약국 갑시다" 하니까 다 알게 되었다고 한다.

구미에서 '오상안경'이란 안경원을 할 때 나도 이걸 벤치마킹한 적이 있다. 이곳 오상안경의 건물주는 매장 바로 앞에서 주유소를 하고 있었는데, 조상 대대로 물려받은 땅의 일부를 나에게 임대해 준 것이었다. 그런데 나중에는 오상안경이 그 지역을 대표하는 랜드마크가 될 정도였다. 하루는 집주인이 나에게 말했다. "내 땅이지만 좀 그렇다." 왜 그러는지 물었더니 말을 이었다. "구미역에서 택시 타고 '행복주유소 가자' 그럴 때는 모르더라고. 근데 며칠 전에 택시 타고 '오상안경 가자'고 했더니 '예' 하더라. 내가 집주인이지만 자존심 상한다."

배달이 끊이지 않는 만둣집의 정체

기술을 충분히 갖추었고 자신이 있는데 오픈을 했어도 손님이 안 오면 그야말로 미칠 일이다. 내가 실력 있다는 걸 알리려면 일단 손님이 와야 하는데 아무도 안 온다면 뭘 해야 할까? 어느 만두가게 사장은 어차피 손님이 없으면 할 일도 없으니까 뭔가를 해야겠다 싶어서 택한 게 매일 자전거를 타고 배달을 가는 것처럼 동네를 도는 것이었다. 자전거에는 만두가게 전화번호가 있는 광고판을 붙인 채로 배달을 가는 것처럼 동네를 돌아다녔다. 사람들은 '어, 저 집은 또 배달을 가네', '지나갈 때 보니까 홀에는 손님이 없던데 배달이 많나 보다'라고 생각하기 시작했고 잘 되는 집으로 인식되었다. 그리고 실제로 손님은 점점 늘어났다.

경기도 의왕에서 안경원을 오픈할 때 이야기다. 위치가 중심상권에서 멀리 떨어져 있고 사람이 많이 다니지 않는 곳이었지만, 매장 규모를 크게 하여 손님이 오기를 기다렸다. 안경원이 1~2층으로 평수가 150평 정도 되니 손님이 어지간히 있지 않고서는 매장이 썰렁하여 장사가 안 되는 것처럼 보였다. 실제 고객들은 '이런 곳에 안경원을 차려서 될까?' 하면서 걱정도 많이 해주셨고, '손님이 많이 없으면 혹시 내가 바가지 쓰지 않을까?'하는 심리적인 부담도 있을 수 있다. 그럴 때마다 나만의 방법으로 **방금 전까지 손님이 있었던 흔적을 남겨 놓았다.**

보통은 안경원에 가면 카운터를 깨끗하게 해놓는다. 무조건 청결하고 깨끗한 게 맞다고 생각하는 것이다. 그런데 나는 조금 다르게 생각했다. 식당도 아닌데 너무 깨끗해도 손님이 없는 곳으로 보이니까 카운터에 흩어져 있는 것들을 그대로 두었다. 지금은 손님이 없지만 방금 전에 왔다 간 것처럼 보이도록 치우지 않는 전략이었다. 오로지 퇴근 전에만 치우는 것으로 했다.

또 손님들이 잘 볼 수 있는 카운터에는 주문 안경을 담아두는 소쿠리를 진열해놓았다. 안경은 맞춤 제품이고 다품종 제품이라서 모든 회사의 다양한 디자인을 컬러별로 다 구비해 놓을 수는 없다. 그래서 손님이 원하는 제품을 주문해 놓고 나중에 찾아가는 경우가 많은데, 그걸 다들 볼 수 있게 예쁘게 전시해 놓은 것이다. 소쿠리는 4개를 구비해놓고 'ㄱ, ㅇ, ㅂ, 기타'라고 이름 초성도 구별해서 붙여 놓았다. 그 안에는 항상 안경을 가득 담아놨기 때문에 어쩌다 손님이 오면 '여기서 안경 맞추는 손님이 많나 보다'라고 생각했다. "걱정했는데 장사 잘 되네요" 하고 가는 손님도 있었다. 경주 황남빵 집에 가면 박스가 가득 쌓여 있다. 전국 택배 문구도 쓰여 있는데, 그게 빈 박스인지 실제 주문받은 걸 포장해 놓은 건지 손님은 알 수 없다.

다른 업종도 마찬가지다. 미장원을 오픈했는데 손님이 없으면 어떻게 해야 할까? 이럴 때는 지인들을 부른다. 안이 훤히 보이는 매장에 손님이 없으면 창피하다. **안에 아무도 없는 매장에 들어갈 때 사람들은 심리적으로 주저하게 된다.** 그래서 지인들로 채우고 북적거리는 것처럼 보이게 하는 것이다. 밖에서 보면 손님인지 친구인지 알 수 없다.

또 **한가한 시간에 손님이 왔을 때는 접객 시간을 최대한 늘린다.** 매장이 비어 있는 것을 방지하기 위해 파마를 원하는데 영양을 공짜로 넣어주더라도 머무는 시간을 늘리는 것이다. 그러면 그곳은 항상 손님이 있는 곳이 된다. 계속 지인을 부를 수는 없으니까 이런 방식으로 손님이 끊이지 않는 곳이 될 수 있다. 시골 미장원에 가면 동네 아줌마들이 지나가다 한두 명씩 모이고 머리할 일이 없어도 커피 한 잔 마시며 앉아 있다. 거기에는 고도의 상술이 담겨 있는 것이다.

개업식으로 시선 집중과 기대 심리를 끌어내기

매장을 오픈하면서 개업식을 꼭 해야 될까 고민하는 초보 사장도 있을 것이다. 자금이 많지 않은 초보 사장 입장에서는 개업식에 얼마의 돈을 써야 할지 걱정되기 때문이다. 요즘엔 시대가 좀 바뀌어서 SNS 마케팅의 비중이 커지는 바람에 개업식을 해도 되고 안 해도 되는 분위기지만, 나는 개업식을 하는 쪽을 권하고 싶다. SNS를 활용하는 것도 좋겠지만 여전히 매장은 아날로그 마케팅 방식이 오히려 현실적으로 유효하다.

예전에는 매장을 오픈하면 개업식은 하는 게 공식이었다. 그 이유는 시선 집중을 위해서다. 우리의 정서상 고사는 안 지내도 새로 들어간 사람이 시루떡을 돌리는 게 문화였다. 신고식 차원에서 주위의 상인들에게 떡을 돌리는 행동은 알게 모르게 평판으로 작용하기도 하고 운으로 이어지기도 한다. 그런 사소한 행동이 쌓이면 직접적인 도움은 아니어도 적어도 방해는 안 받을 수 있다. 고객 입장에서도 개업식을 하는 매장이 있으면 '이벤트 상품이 있을 거야', '할인을 하지 않을까'라는 기대 심리가 있어서 한 번은 가게 된다. 특히 공산품의 경우에는 할인 상품을 따로 기획해서 배치해두는 것으로 고객의 유입을 촉진할 수 있다.

개업식은 "내가 여기 있어요"라고 알리기 위한 고지다. '내가 잘 하면 손님이 오겠지'라고 막연하게 생각하는 초보 사장들이 많은데 그건 착각이다. 손님이 오긴 올지 몰라도 언제 올지 알 수 없다. 기대한 손님이 오기 전에 내가 먼저 망할 수도 있다. 새로운 걸 알려주고 주의를 끌어야 뇌에서 '아 가봐야지' 하는 생각을 일으킨다. 인지 단계가 없으면 원래 하던 습관이 있어서 웬만해서는 생각에 새로운 경로가 생기지 않는다. "어, 여기 새로운 게 생겼네" 하면서도 그냥 스쳐 지나갈 뿐이다. 사람들의 그런 심리를 고려한다면 **개업식은 하는 게 맞다.**

고객은 습관대로 가던 가게에 간다

병원 같은 곳을 제외하고는 개업식을 하는 건 어디든 먹힐 것이다. 물건을 팔고 접객으로 고객들에게 서비스를 하는 곳이면 어디든 마찬가지다. **소매업인데 경쟁 매장이 있는 경우라면 개업 행사는 더욱 필요하다.** 고객들은 습관대로 가던 곳을 가는 게 자연스러운 일이다. 웬만해서는 잘 옮겨가지 않는다. 정해져 있던 경로에 작은 틈을 만들어 파고들 수 있는 첫 번째 방법이 오픈 행사다. 가격 할인, 사은품 등 어떤 방법을 동원해도 좋다. 한 번은 오게 해야 우리 매장만의 차별화를 알릴 수 있다. 겉에서 봐서는 좋은 걸 알 수 없다.

어느 동네에 손님이 바글바글한 떡집이 있었다. 이 집이 너무 잘 되니까 아래쪽에도 떡집이 들어왔고 위쪽에도 떡집이 들어왔다. 그런데 오픈할 때 아래 떡집은 개업식도 없이 스리슬쩍 떡집이 생겼다. 사람들은 별 관심 없이 '어 그렇구나' 하고 흘려버렸다. 위쪽 떡집은 개업 행사를 해서 새로 오픈한 집이 생긴 것을 사람들에게 알렸다. 사람들은 개업 행사가 있었던 위쪽 떡집은 한 번씩 가봤는데 개업식이 없었던 아래 떡집은 잘 가지 않았다. 이 동네 원조 떡집이 워낙에 강력해서 아직도 잘 되고 있는데, 아래 떡집은 슬그머니 사라졌고 위쪽 떡집은 그래도 아직까지 유지하고 있는 상태다.

매장 문을 열 때 돈이 많이 들어가는데 개업식을 하면 돈이 또 들어가니까 초보 사장들은 그걸 아까워하는 경향이 있다. 그렇지만 개업식 비용까지 감안해서 창업 비용을 책정하는 것이 합리적인 전략이다.

안경 업계에도 행사를 진짜 잘하는 사람이 있었다. 그 안경원 사장님은 비싼 안경을 취급하지만 행사로 소비자를 사로잡는 것을 정말 잘했다. 어느 해 여름에는 미니선풍기를 중국에서 직접 대량 수입해서 10만 원 이상 결제하는 고객에게 사은품으로 주는 행사를 했다. 손선풍기가 유행하던 초기라서 고객들은 안경 맞추러 오는 게 아니라 선풍기를 받으려고 오는 경우도 많았다. 그곳은 경쟁업체가 하고 싶어도 못 따라 할 정도로 독보적이었다.

행사란 노력하고 움직이는 매장이란 점을 어필하는 것이다. 고객 입장에서 365일 매일 똑같은 것만 갖다 놓고 파는 집과는 다른 느낌을 받게 된다. 그래서 장사는 변화를 계속 연구하는 일이다. 오픈하고 나서 100번째 입장 고객에게 자전거를 준다든지, 주목받는 방법을 찾으면 얼마든지 만들어낼 수 있다. '저 집은 또 뭔가 하네'라는 소리가 나온다면 살아 있는 매장이란 뜻이다.

돈 안 드는 개업식을 하면 된다

개업식에서 특별한 퍼포먼스를 하기에 비용 부담이 크다면 할인 이벤트를 통해서 판매 촉진을 노려보는 것도 좋다. 새로 오픈한 곳은 궁금해서라도 한 번씩 가보는 사람들이 많기 때문이다.

서울시내 한 동네에 잘 되는 치킨집이 있었다. 단골도 많아서 맥주와 함께 치킨을 먹고 있는 사람으로 항상 가득 차 있는 곳이었다. 그런데 길 건너편에 치킨집이 또 생겼다. 이 집은 테이크아웃 위주였고 테이블이 딱 하나 있을 뿐이었다. 오픈하고 일주일 동안 치킨 1마리를 5천 원에 준다고 행사를 했는데, 일주일 동안 줄이 길게 늘어서 있었다. 관심 없이 지나가던 사람도 아는 동네 사람이 서 있는 걸 보고 "뭐해?" 하면서 관심을 보일 정도로 사람들은 호응을 보였다. 전직 약사 출신인 어느 주부는 "내가 밖에 나가서 일을 하면 시급이 얼만데 5천 원짜리 치킨 한 마리 사 먹자고 내가 여기서 줄 서 있네"라고 투덜대면서도 1시간째 그렇게 줄을 서 있었다.

우리 동네에 새로운 가게가 생길 때 나의 행동이 어땠는지 잘 생각해 보자. 또 다른 동네의 이야기다. 큰 슈퍼마켓이 하나 있어서 사람들은 그곳에서 장을 봤다. 공산품도 과일도 다른 식재료도 그곳에서 샀다. 그런데 길 건너에 과일집이 크게 들어섰다. 오픈 행사를 시끌벅적하게 했는데 사람들은 과일만 그곳에서 따로 장을 봐야 한다는 귀찮음을 무릅쓰고 그곳에서 과일을 샀다.

개업식은 형식만 흉내 내지 말고 사람들에게 인지시킨다는 목적에 맞게 해야 한다. 업종, 매장이 있는 지역 특성을 고려해서 개업식 프로모션을 정해야 한다. 사은품을 줄지, 할인을 할지 그 지역 고객에 맞는 가장 좋은 아이디어를 내면 된다. 그걸 잘 선택하는 것이 바로 실력이다. 사은품을 고를 때도 고객 입장에서 뭘 주면 좋아할지 고민해 보면 찾을 수 있다. 시대에 따라 어떤 게 좋을지는 달라지기 때문에 그 당시의 사람들이 좋아할 만한 것들을 잘 파악하고 있어야 한다.

요새는 장사하는 사람을 돕는 프로모션 툴도 많다. 쿠폰도 종이에다가 인쇄해서 나눠줄 필요 없이 전화번호 입력으로 쿠폰 관리도 해주기 때문에 관리가 편해졌다. 연구하면 할 게 정말 많다. 개업식은 어떤 형태가 됐든 고객들 눈에 띄게 하는 것이 목적이기 때문에 꼭 오픈 당일에 해야 한다는 법도 없다. 인테리어 공사를 하는 동안 지나가는 사람들에게 인사를 할 수도 있고 광고판을 세울 수도 있을 것이다.

학원의 경우에는 첫 오픈에 원장의 스펙을 적은 플래카드를 걸 수도 있다. 그 플래카드에는 서울대, 카이스트, 연고대를 몇 명 보냈는지 적을 수도 있다. 학원은 아이들이 성적표를 받아들 때까지 실력 검증에 시간이 좀 걸리기 때문에, 그 사이에 공부 잘하는 학생을 확보하는 것이 관건이 된다. 무료로 수강을 시키든지, 장학금과 용돈을 주면서 학원에 와서 공부만 해도 되도록 뒷바라지를 해서라도 전교 1등을 섭외했다면 그 후로는 홍보가 수월해질 것이다.

사장이 없으면?
매장 운영 매뉴얼

매장관리에서 개업식은 일종의 신고식이다. "내가 여기 있어요"라고 제대로 각인시켰다면 다음은 그걸 유지하면서 손님이 계속 방문하도록 유도하는 단계로 가야 한다. 고객이 원하는 것을 만족시키는 매장이 되도록 관리에 들어가는 것이다. 매장관리에서 첫 번째는 사장이 반드시 상주해 있어야 한다는 것이다. 만약에 **사장이 자리를 지킬 수 없다면 사장 역할을 할 사람이 있어야 하는데, 그게 가능하려면 매장 운영 매뉴얼이 있어야 한다.**

맥도날드나 스타벅스에 가보면 직원이 하고 있는 일은 누구든 다른 사람으로 대체되던 할 수 있는 일이다. 매뉴얼이 있기 때문에 가능한 것인데, 사장이 있든 없든 상관없이 응대할 수 있는 일이라서 정서적인 문제만 없다면 로봇이 대체해도 할 수 있다. 그러나 어느 정도 훙정도 있는 고객 응대라면 사장이 꼭 있어야 한다. 그럴 땐 매뉴얼은 잊어버려야 한다. **물건을 사면서 정을 느끼는 것도 고객 만족 요소가 된다.** 사장이 있다면 10만 원짜리를 8만 원에 줄 수도 있고 7만 원에 줄 수도 있다. 내가 안경원 2층에 있으면 1층에서 고객 응대를 하던 직원은 견적을 가져온다. "사장님께 이거 깎아 달라고 말 좀 해주세요" 하는 고객이 있을 때는 바로 내게 보고하는 것이 매뉴얼이기 때문이다.

얼마 전 온 가족이 와서 안경을 맞췄던 고객들이 있었다. 대구에서 딸네 집에 온 김에 왔다고 5명이 견적을 냈는데 158만 원이 나왔다. 싸게 해달라고 해서 뒷금액을 뚝 쳐내고 130만 원에 해주겠다고 했더니 다 같이 깜짝 놀라는 눈치였다. 고객들은 158만 원 중에 8만 원을 빼주던가 140만 원에 해주면 정말 고맙겠다 생각하고 있었을 것이다. "대구에도 유명한 안경원 많은데 여기까지 오셨으니까 기분 좋게 130만 원에 해드리겠습니다. 저도 대구 출신입니다." 고객들에게 그렇게 말했는데 그건 사장인 내가 매장에 있었기 때문에 가능했던 일이다. 이제 그 가족은 우리 매장의 충성고객이 될 확률이 높다.

이런 비슷한 경우에 직원이 매뉴얼대로 고객을 응대하면, 융통성을 발휘할 수 있다 해도 158만 원에서 기껏해야 5% 정도 깎아줄 수 있을 것이다. 10%를 깎아줬다고 해도 142만 원이다. 그렇게 해서는 10만 원 이익을 더 남길 수 있을지는 몰라도 그 뒤로 따라오는 보이지 않는 가치는 얻을 수 없다. 5% 깎아주는 걸로는 사람 사는 재미나 고객의 뇌리에 박히는 깜짝 놀랄 만큼의 감동은 얻기 힘들다.

물론 이런 상황에서 깎아줄 수 없다며 붙어 있는 가격을 다 받는 사장도 있을 것이다. 그런데 돈밖에 모르는 사장이라고 인상이 박히면 그 사장 때문에 고객은 다시는 발걸음을 안 한다. 장사에서 사장은 돈 관리만 하는 사람이 절대 아니다.

운영 매뉴얼이 있어야 손실을 최소화한다

주인이 열정적으로 열심히 일하는 매장은 사실 매장 운영 매뉴얼이 필요 없다. 문 열 때 주인이 불 다 켜고 거래처 입출고 관리도 다 하고 청소도 다 하고 문 닫을 때도 직접 불 끄고 나온다면 매뉴얼을 만들 필요는 없다. 그러나 직원이 한 명이라도 있다면 매뉴얼을 만들어야 한다. **사장이 잠깐이라도 자리를 비웠을 때 돌발 상황에 대비하려면 매장 운영 매뉴얼은 꼭 필요하다**(시리즈 중 네 번째 '직원편'에서 매뉴얼의 중요성에 대해 언급하였다. 사장의 잔소리보다 매장 운영 매뉴얼이 백배 천배 낫다).

매뉴얼은 사장이 일할 때 이렇게 한다고 순서를 적어놓은 것이라고 봐도 된다. 출근해서 하는 모든 행동을 일단 적는다. 장사하는 데 필요한 기본적인 행동들을 체크하는 것이다. 사장이 없을 때는 이렇게 하라고 알려줘도 그걸 제대로 못하는 게 종업원이다. 사장은 머릿속에 할 일이 다 들어가 있어도 종업원은 습관이 안 돼 있기 때문이다. 직원들이 매뉴얼대로 하지 않으면 사장은 답답하다. 그러나 100% 실행이 안 되더라도 가만히 있는 것보다는 50%라도 실행할 확률을 높이기 위해 매뉴얼을 만들어야 한다. **매뉴얼은 사장이 부재중일 때의 손실을 커버하기 위한 최소한의 장치가 되어줄 것이다.**

직원이 많을수록 매뉴얼은 힘을 발휘한다. 매장을 돋보이게 하기 위해서 우리 안경원에서 조명은 중요한 요소 중에 하나이며, 아침에 출근할 때 켜는 불, 해가 빠지기 시작하는 4시 전후에 켜야 하는 불, 저녁에 켜야 하는 불이 정해져 있다. 그런데 손님 응대를 하다 보면 직원들이 잊어먹을 때가 있다. 5시쯤 되면 매장 정면이 어두워져서 가장 밝은 불이 켜져 있어야 하는데, 안 돼 있는 걸 내가 발견할 때가 있다. 직원 수가 많을수록 서로 미룰 수 있어서, 별것 아닌 것 같지만 이런 부분들도 신경 써야 한다.

말로만 잔소리를 하면 서로 얼굴 붉히다가 실행으로 이어질 확률은 더 떨어질 수 있다. 사장 혼자 스트레스 받기보다 매장관리를 하면서 가장 중요하다고 생각한 것만 끄집어내서 글로 적으면 핵심 매뉴얼을 만들 수 있다. 어렵게 생각된다면 책에서 참고하되 우리 매장에 필요한 것만 빼고 넣고 하면서 수정 보완해 나가면 내게 맞는 걸 정할 수 있다.

장사하는 매장에서 대기업처럼 철저하게 교육훈련을 할 수 있는 건 아니기 때문에 직원은 말로 하는 지시를 잘 안 지킨다. 그럴 때 매뉴얼을 만들면 명분이 생긴다. 말로 하면 시키는 것이 되지만 글로 된 매뉴얼이 있으면 규칙이 된다. 책임소재가 분명해지기 때문에 실행력이 높아진다. '내가 뭘 잘못했는데'라고 생각하던 직원도 '어, 내가 안 했네'로 바뀔 수 있다.

매뉴얼은 세세한 부분까지 사장이 만들 수 있지만, 너무 많으면 직원들이 힘들어하니까 꼭 필요한 것만 만드는 것이 좋다. 더 많이 넣고 싶어도 오픈 매뉴얼, 판매 매뉴얼 등 꼭 중요하다고 생각하는 것만 넣는 것이다. 롯데리아나 맥도날드처럼 너무 세부적인 것까지 만들면 지킬 게 많아서 직원이 나가버릴 수 있다. 다만 매뉴얼은 한 번 만들어놓으면 고정인 건 아니다. 수시로 수정, 보완해야 변화에 대처할 수 있다. 물론 직원들은 매뉴얼이 바뀌면 싫어하지만 매뉴얼의 업그레이드를 통해서 긴장감을 늦추지 않고 장사를 이어갈 수 있다.

직원 매뉴얼은 매장에 연속성을 준다

어느 업종 어느 매장에서나 고객은 균일한 서비스를 받고 싶어 한다. 매뉴얼은 사장이 없어도 비슷한 양질의 서비스를 제공하는 근거가 된다. 직원들이 매뉴얼을 공유하고 익히면 리스크는 최소화되고 고객은 최대한 통일성 있는 서비스를 받을 수 있다.

매뉴얼이 있으면 혹시라도 직원이 교체됐을 때도 연속성을 가지고 서비스를 제공하기에도 쉽다. 매뉴얼이 없다면 직원이 새로 들어왔을 때 사장은 한동안 계속 지켜보면서 일일이 알려줘야 한다. 그런데 매뉴얼 책자를 주면서 이렇게 하라는 기준을 주면 직원은 거기에 맞출 수가 있다. 사실 일을 수행하는 방식은 여러 가지가 있어서 직원이 생각한 것과 다를 수 있지만, '이 매장에서는 이렇게 해야 하는구나' 하고 따를 수 있다. 매뉴얼에는 경영 철학이 스며들기 마련이어서 사장을 100% 따라 하진 못해도 방향을 맞출 수는 있다. 매뉴얼이 없다면 사장은 직원이 새로 들어올 때마다 같은 말을 반복해야 할 것이고 지칠 것이다. 그래서 사실 매뉴얼은 사장을 위해서 만드는 것이기도 하다.

신입 직원에게 일을 가르칠 때 매뉴얼대로 일을 했는지 확인하기 위해 처음에는 사장이 일일이 체크리스트를 마킹해야 할지도 모른다. 그러나 직원이 매뉴얼에 익숙해지면 나중에는 제대로 했는지 일일이 확인할 필요 없이 직원이 가져온 체크리스트만 보면 끝날 것이다. 그래서 시간이 흐르면 매뉴얼이 많아봤자 서로 좋을 게 없으니까 꼭 핵심적인 것만 남기게 된다. 이게 반복되면 신입 직원을 사장이 가르치지 않아도 되고 사수인 선배 직원이 교육할 수 있다.

매장에서 일하는 직원들은 회사 사무실에서 일하는 직원들과 달라서 육체적으로도 정신적으로도 힘든 게 사실이다. 사람을 상대하기 때문에 진상 고객이라도 만나면 멘털이 무너질 때도 있고 기복도 심하다. 게다가 매일 문서 보는 것이 습관화돼 있는 사무실 직원들과 달리 매장에서는 말로 하는 것에 더 익숙하다. 그래서 **매뉴얼 책자만 주고 끝내는 것이 아니라 사장은 주기적으로 점검하면서 업그레이드된 교육을 해야 한다.**

나의 경우에는 직원이 많을수록 업무 매뉴얼이 힘을 발휘하는 현장을 목격했다. 예전에는 직원이 해줘야 하는 것들을 쭉 나열하면서 이야기했는데, 이제는 "업무 매뉴얼대로 해줘" 하고 간단히 말을 끝낸다. 그러고 나서 직원들끼리 회의를 시켰는데 "매뉴얼 책에 다 나와 있는데 왜 안 해" 하고 사수가 신입에게 매뉴얼을 활용하는 모습을 보았다. 직원들끼리도 매뉴얼이 표준을 만들어주었기 때문에 지시가 원활해진 것이다. 매뉴얼이 없었다면 기준이 없는 탓에 지적하는 것이 감정 상하는 일이 돼버렸을 것이다.

매출일기를 수기로 적어라

처음 장사를 할 때는 숫자에 너무 민감한 태도를 보이는 것을 유보해야 한다. 시골 장터에서 장사하는 할머니들은 원가계산을 못해도 장사를 잘 하신다. 나가는 돈보다 들어오는 돈이 좀 더 많으면 되니까 숫자에 너무 매몰되지 말고, 장사가 자리 잡을 때까지는 고객 만족과 단골 확보에 집중해야 한다. 초보 사장이 신경써야 할 숫자는 오로지 한 가지, 하루 매출밖에 없다.

나는 스무 살 때부터 장사를 했는데, 매일 그날의 매출을 일기처럼 노트에 썼고, 아직도 초창기 5년 치 정도의 매출일기를 가지고 있다. 1일부터 30일까지 한 달 치를 한 페이지에 쭉 적는데, 1년이 지난 후 돌아보면 발전하는 과정이 보여서 재미있다.

아직 숫자에 익숙하지 않은 초보 사장은 이익을 따지다가 고

객 만족을 놓칠 수가 있다. 꼼꼼한 원가계산은 자리를 잡은 후에 체계적으로 정비가 필요할 때, 그 시점에 해야 한다는 것이 내 생각이다. '내 주머니에 들어오는 돈이 적어질 텐데'를 생각하기 시작하면 행동에 제약이 생기고 위축된다. 고객 만족이 장기적인 효과로 이어지려면 오히려 내 돈을 풀어야 한다. 원가가 올라가면 고객이 누리는 가치는 올라간다. 그런데 원가계산을 하다 보면 아까워서 투자를 못한다. **장사 초창기에는 오직 고객 만족에 포커스를 맞춰야 한다.**

어느 정도 단골이 생기고 안정기에 접어들었을 때는 그 시기에 적합한 방법으로 적정 원가에 도전하면 된다. 그때가 되면 장사에 노하우도 생겼을 테고 일정 규모의 매출을 낼 수 있다면 안정적으로 안착할 방법을 추가로 찾아내면 된다. 만약 원가가 40%에 달한다면 38%, 35% 표시 안 나게 경영의 묘미를 살려 이익을 높이는 방안을 찾아야 한다.

매출 규모를 아직 키우지 못했다면 디테일한 숫자보다는 하루 매출만 체크하는 것을 추천한다. 100만 원, 50만 원 이렇게 적으면 장사에 대해 욕심이 생기고 잘 해야겠다 결심도 서게 된다. 요새는 손님들이 거의 카드 결제를 하기 때문에 포스(POS) 단말기가 총 매출을 다 계산해 준다. 그래서 지금은 손으로 노트에 적는 걸 안 하는 사람이 많다. 수기 노트는 감각을 키우는 일이다. 포스기를 통해 눈으로만 확인하는 걸로는 효과가 없다. 오늘 매출이 생각보다 적었다면 '내일은 더 잘해야지' 다짐도 하고 한 달 전체의 매출을 한눈에 보면서 문제점도 파악할 수 있는 시간이 된다. 한 달 치, 1년 치 매출을 보면 자신의 흔적이고 역사이기 때문에 뿌듯함을 느끼곤 한다. 이걸 10년 넘게 계속한 사람이라면 감각이 생기고 내공이 되어 체화될 것이다.

손으로 적으면 뇌에 각인된다

매일 하루 매출을 일기처럼 노트에 적다 보면 나의 열정을 다시 끌어올릴 수 있다. 한 달 치 매출을 쓰는 페이지 뒷면에는 중요한 지출 사항을 적을 수도 있고 직원들 휴가나 생일 같은 메모도 적어 넣을 수 있다. 단순히 숫자만 적는 게 아니라 하루를 반성하는 메모를 적을 수도 있고, 한 달을 마감하며 간단한 소감을 적어 넣을 수도 있다. 첫 달에는 "파이팅"이 적혀 있을 수도 있고, "참 어려웠다" 같은 표현이 담길 수도 있다. 다이어리 쓰는 것처럼 짧은 글이지만 나에게 용기를 주는 말이 담기는 것이다.

일기와 비슷한 느낌으로 적다 보면 하루 반성을 하게 될 것이다. 90만 원 매출이 나온 날은 '아까 그 손님 그냥 깎아주고 10만 원에 팔았으면 100만 원 채웠을 텐데' 하는 후회를 하기도 한다. 그러면 실제로 다음날은 더 잘할 수 있다. '아까 말을 잘 못해서 못 팔았는데, 다음엔 100만 원 넘겨야지' 하는 마음이 올라오면 진정한 장사꾼이 되어 가는 것이다.

요새는 포스로 마감을 하는 사람이 많으니까 노트에 적는 아날로그 방식은 생각지 못할 수도 있다. 그러나 손은 제2의 뇌라는 말도 있다. 포스로 마감을 하면 하루를 복기하는 효과는 아무래도 떨어진다. 매출액을 빨리 출력하는 만큼 수동적으로 인식되고 빨리 잊어버린다. 포스보다는 손으로 일일이 적으면 능동적으로 인식되고 뇌에 각인된다. 하루 매출이 한 달 쌓이고 몇 년이 지나면 매출일기는 매장의 역사가 된다. 아날로그의 장점은 전류라는 매개체 없이도 몇 초 만에 금방 펼쳐볼 수 있고 전체를 조망하며 볼 수 있다는 것이다. 과거의 성공 사례나 실패 사례의 흔적을 발견하고 현재의 매장에 필요한 새로운 아이디어를 얻을 수도 있다.

장사란 하루하루 최선을 다하는 일이다. 수기로 쓰는 매출장부는 장사의 흔적이기 때문에 최소 3년은 하기를 권한다. 열정을 다해서 달렸다면 3년이면 장사의 고수가 될 조짐이 보인다. 그 정도면 발전된 모습이 눈에 띄게 보이고, 완전히 자리가 잡힐 것이다. 그 뒤로는 어떤 사업을 하더라도 용기가 생긴다. 1년 버티는 것도 힘든데 3년을 버텼다는 건 앞으로도 성공 가능성이 높아졌다는 이야기다.

매출일기는 그래서 부적처럼 갖고 있어야 한다. 장사에 대해 아무것도 모를 때 시작한 것이 발전을 거듭해 그만큼 올라왔을 것이다. 4년 6개월간의 기록이 적힌 나의 첫 매출일기 노트에는 첫 달 매출이 200만 원, 마지막 매출이 1,500만 원이 적혀 있다. 물론 노트를 들여다보지 않아도 첫 매출과 3년 후 매출을 머릿속으로 기억하고 있다. 하지만 그걸 다시 펼쳐보면 그때의 기억들이 그때의 마음가짐을 상기시키고 자신감을 올려준다. 나는 새로운 도전을 할 때마다 그걸 펼쳐보곤 한다.

3분 요약 체크-Chapter.2 신규 고객을 부르는 프로모션 법칙

◎ 오픈 3개월 후가 진짜 실력이다. 장사하는 사람들 사이에서는 오픈빨로 최고 매출을 찍으면 평상시 매출은 그걸 못 넘는다는 이야기를 하는 사람도 있다. 시간이 지나면 아는 사람이 도와주는 매출은 빠지고 한 번 왔다가 또 오는 재방문 고객이 자리를 채운다. 그런 이유로 오픈한 지 3개월 정도가 지나면 매출이 훅 빠진다. 장사를 잘하는 사람들은 그 3개월간 관리를 잘한다. 꼬리에 꼬리를 물고 방문하도록 유도하는 사람은 매출이 덜 떨어지면서 매출을 유지할 것이다.

◎ 경쟁할 것인가, 피할 것인가. 좋은 상권은 잠재 고객 수만 따지는 것이 아니라 경쟁업체가 얼마나 있는지, 얼마나 가까이 있는지도 포함한다. 장사를 하는 사장의 성향에 따라 선택은 두 가지가 있다. 경쟁업체가 있는 곳에 바로 붙어서 전체 파이(규모)를 키우는 것, 그리고 경쟁이 아예 없는 곳에서 시작하는 것이다.

◎ 단골은 사장의 팬이다. 장사에서는 고객의 마음을 내 편으로 만드는 기술이 무엇보다 중요하다. 구매할까 말까 고민하고 있는 고객을 랜딩(landing) 시키는 기술이다. 사람마다 그 매장에 오는 이유는 여러 가지가 있겠지만 크게 세 가지로 구분할 수 있다. 첫째는 가격, 둘째는 가까운 편의성, 셋째는 전문성을 보고 오는 고객들이다. 단순히 파는 것만 목적으로 두지 말고 여기까지 오게 된 과정, 원하는 게 뭔지를 찾아야 한다. 고객을 불러 모으고 사장의 팬이 되게 하는 것은 장사의 핵심 기술이다.

◎ 첫 손님을 얻기 위한 치열한 프로모션. "현대 소매업은 심리전이다"라

는 말이 있다. 이 말은 예전의 상품 구색, 진열, 레이아웃 같은 1차원적인 경쟁이 아닌 콘셉트의 차별성과 고객 만족을 얻기 위해 치열한 싸움이 벌어지고 있다는 뜻이다. 장사에도 장기적인 차원의 전략이 필요하고, 경쟁 점포와 차별화된 공간을 어떻게 만들 것인가 고민해야 한다는 의미다.

◎ 개업식으로 시선 집중과 기대 심리를 끌어내기! 요즘엔 시대가 좀 바뀌어서 SNS 마케팅의 비중이 커지는 바람에 개업식을 해도 되고 안 해도 되는 분위기지만, 나는 개업식을 하는 쪽을 권하고 싶다. SNS를 활용하는 것도 좋겠지만 여전히 매장은 아날로그 마케팅 방식이 오히려 현실적으로 유효하다. 고객들은 습관대로 가던 곳을 가는 게 자연스러운 일이다. 웬만해서는 잘 옮겨가지 않는다. 정해져 있던 경로에 작은 틈을 만들어 파고들 수 있는 좋은 방법이 오픈 행사다.

◎ 사장이 없으면? 매장 운영 매뉴얼. 고객이 원하는 것을 만족시키는 매장이 되려면 관리를 해야 하는데, 매장관리에서 가장 중요한 것은 사장이 반드시 상주해 있어야 한다는 것이다. 주인이 열정적으로 열심히 일하는 매장은 사실 매장 운영 매뉴얼이 필요 없다. 매뉴얼은 사장이 부재중일 때의 손실을 커버하기 위한 최소한의 장치가 되어줄 것이다.

◎ 매출일기를 수기로 적어라. 처음 장사를 할 때는 숫자에 너무 민감한 태도를 보이는 것을 유보해야 한다. 초보 사장이 신경 써야 할 숫자는 오로지 한 가지, 하루 매출밖에 없다. 아직 숫자에 익숙하지 않은 초보 사장은 이익을 따지다가 고객 만족을 놓칠 수가 있다. 매출 규모를 아직 키우지 못했다면 디테일한 숫자보다는 하루 매출만 체크하는 것을 추천한다. 매일 하루 매출을 일기처럼 노트에 적다 보면 나의 열정을 다시 끌어올릴 수 있다. 매출일기는 뇌에 각인되어 하루를 복기하고 장사의 흔적을 남기는 데 도움이 된다.

내가 심은 나무는
내가 주는 물을
먹고 자란다

The tree I planted grow up as water I give.

Chapter. 3

강력한 마케팅의 법칙

- SNS 마케팅이라는 또 하나의 옵션
- 가장 강력한 마케팅, 입소문
- 인풋이 있어야 아웃풋도 커진다
- 경쟁을 대하는 담대함
- 이탈된 고객도 다시 오게 만드는 법
- "매장을 왜 자꾸 바꾸는지 알겠어요"
- 트렌드를 빨리 감지하는 기술

SNS 마케팅이라는 또 하나의 옵션

매장 자리를 선택할 때 좋은 자리에 자금을 투입하는 경우가 있고, 중심가에서 벗어난 외진 곳에 매장을 얻는 경우가 있을 것이다. 매장은 눈에 띄는 입지가 우선은 굉장히 중요하다. 돈 있고 능력 있어서 A급 입지에서 장사할 수 있으면 최선이다. 그러나 돈 없이 장사를 시작해야 하는 사람이라면 A급 자리에는 들어가지 못할 텐데 어떻게 해야 할까?

매장이 초창기일 때 성공시키는 방법은 두 가지다. **SNS를 이용해서 빠르게 가는 방법, 전통적인 방식으로 한 사람 한 사람 만족시키면서 입소문이 퍼질 때까지 기다리는 방법이다.**

외진 자리에서 매장을 열었어도 두 가지 방법을 쓸 수 있다. 첫째는 SNS를 활용해 홍보하면서 정보를 퍼뜨리는 방법, 둘째는 기다리는 것이다. 한 명씩 최선을 다해 만족시키면서 소문이 나기를 기다리는 것은 시간이 오래 걸리지만 성공하면 훨씬 탄탄한 장사를 할 수 있다. 손님들이 알아서 홍보하기 때문에 한번 상승세를 타면 무섭게 급성장할 수 있다. 기술력을 갖추고 있는 사람에게는 이쪽이 의외로 빠르다.

처음부터 SNS로 홍보하는 경우에는 초기에 손님이 몰렸다가 급격하게 손님이 줄어들 위험도 생각해야 한다. 초보 사장의 경우에는 생각지도 못했던 미약한 부분이 있을 수 있다. 이것이 악평으로 이어지면 빨리 달아오른 냄비가 빨리 식는 것처럼 실패도 빨라진다. 이러면 사실 돈 쓰고 위험한 일을 하는 것이 된다. 실력 없는 사장이라면 손님이 몰려드는데 대응을 잘할 수 있을 리가 없다. 그래서 나는 소문이 날 때까지 기다리는 쪽을 권하는 편이다. SNS 홍보는 굳이 돈을 들이지 않고도 할 수 있는 기본적인 것만 해도 된다.

원천적인 나만의 노하우, 매장의 차별화를 갖추고 있다면 어느 쪽을 택하든 빨리 클 수 있다. 이 책의 시리즈 첫 책인 사장편에서 장사를 하려면 먼저 고수에게 기술과 태도를 배우라고 했다. 여기에는 고객을 응대하는 임기응변까지 포함되는 것이다. 다만, 아무리 장사를 잘해도 사람은 성향이라는 것이 있기 때문에 모든 고객을 다 만족시킬 수는 없다. SNS를 이용해 빠르게 성장했는데, 운 나쁘게 우리 매장과 잘 안 맞아서 만족하지 못한 사람이 한 명이라도 악의적인 악플을 달았다면 악영향을 받을 수도 있다. 그래서 SNS는 장기적으로 보면 조심해야 하는 수단이다.

매장을 홍보하는 홈페이지 역시 예전과 달리 지금은 게시판을 메뉴에서 없애는 쪽으로 발달하고 있다. 쇼룸의 기능만 하도록 하는 것이다. 악플을 다는 사람을 추적하다 보면 어디에서도 악플만 남기는 사람인 경우가 많다. 그런 사람들을 상대하는 데 에너지를 쓰기에는 인생이 아깝다. Q&A에 일일이 답변하고 대응할 수 있는 팀을 따로 둘 수 있는 형편이 아니라면, 온라인 샵으로 키울 생각이 있는 게 아니라면, 오프라인 매장의 입장에서 홈페이지 게시판은 의미가 없다. 그보다는 매장에서 만나는 고객들이 뭘 원하는지 파악하고 충족시켜 줌으로써 매장에 생기와 에너지를 불어넣고 만족한 고객을 확대해가는 것이 장사에서 제대로 성공하는 방법이다.

어느 날 우리 안경원으로 연세 드신 할머니가 따님과 함께 들어오셨다. 1, 2층으로 된 대형 매장에 사람들은 번호표를 뽑고 기다리고 안경을 맞춘 사람들은 미용실처럼 생긴 의자에 앉아 거울을 보면서 전문적으로 피팅을 받고 있는 걸 보고서 할머니가 흥분하며 감탄을 했다. "우와, 나는 이런 데 처음 봤다. 진짜 오길 잘했다. 나도 소개받고 왔는데, 입소문이 이렇게 무섭다." 할머니는 교회에 갔다가 다른 사람이 쓴 안경이 예뻐서 물어봤다고 한다. 그랬더니 여기를 적극적으로 추천하더라는 것이다.

SNS를 보고 왔건 입소문을 통해서 왔건 지나가다가 눈에 띄어서 왔건, 현장에서 매장에 들어올 때 가졌던 기대치 그 이상을 고객에서 제공해 주는 것, 그것이 매장관리의 핵심이다. 장사 초창기라면 더욱더 집중하고 올인해야 되는 건 고객의 기대치를 충족시키는 것이다.

가장 강력한 마케팅, 입소문

장사를 시작하면 매장에서 볼 수 있는 고객의 형태는 크게 3가지가 있다. **첫째, 한 번 오고 다시는 안 오는 고객이다. 둘째, 방문했던 고객이 한 번 더 오는 것이다. 셋째, 만족한 고객이 다른 고객을 데리고 오는 것이다.**

매장에 오는 사람들이 모두 신규 고객으로만 채워진다면 매번 새로운 사람들에게 매장을 알리느라 비용도 많이 들고 에너지도 많이 써야 할 것이다. 한 번 왔던 고객이 또 오고 싶은 이유를 만들어야 홍보비를 쓰는 효율도 높아지고 단골 고객도 늘어날 것이다.

요즘에는 경쟁도 심하고 고객들의 기대 수치가 높아서 매장에 왔을 때 웬만한 걸로는 만족하지 않는다. 예를 들어 커피숍은 주택가 동네에까지 여러 곳이 들어와 있기 때문에, 한 번 갔던 커피숍에서 '내가 굳이 여기까지 와야 해?'라는 생각이 들면 재방문을 유도하기 힘들다. 물론 가까워서 오는 사람들을 타깃으로 할 수도 있겠지만, 그렇다 해도 꼭 그 집에 와야 하는 이유를 만들지 못하고 있다면 경쟁이 붙었을 때 위험하다.

그 집에 꼭 와야 하는 이유는 그 매장의 차별화가 된다. 사장 입장에서가 아니라 소비자의 눈으로 봤을 때 "나라면 다시 오고 싶을까?" 질문을 던져봐야 한다. 가격이 엄청나게 싸거나 다른 곳에 없는 물건이 많다거나 진짜 친절하면, 즉 다른 매장에서 경험하지 못한 이곳만의 서비스를 해야 한다.

매장을 처음 오픈했을 때는 누구나 마케팅의 중요성을 잘 알 것이다. 그런데 마케팅에 투자하는 기간은 사람마다 달라서 많은 사람들이 어느 순간부터는 이 비용을 줄이기 시작한다. 처음에는 의욕이 많아서 마케팅이 중요하다고 열의를 보이다가 시간이 지날수록 이 돈을 아까워한다.

마케팅 비용이 계속 들어가면 사람들은 그 효과에 의심을 하기 시작한다. 그러나 마케팅은 연속성과 확실성이 필요하다. 왜 필요한지에 대한 믿음이 있으면 꾸준히 하는데 대부분 그걸 잘 못한다. 자기 돈이 안 아까운 사람은 없지만, 그 대목에서 함정에 빠지지 말아야 한다.

고객들은 SNS에서 정보를 얻기도 하지만 그건 사실 일회성이다. 가짜 정보도 많다는 걸 사람들이 많이 알고 있어서 리뷰를 다 믿지는 않는다. 직접 가보지 않는 이상 정보를 얻을 방법이 딱히 없으니까 리뷰를 참고하긴 하는데, 막상 갔더니 리뷰가 허상이라는 걸 느끼고 나면 다시는 안 올 것이다. 초창기에 뜨내기손님을 불러들이는 효과 정도밖에는 없다는 이야기다. 리뷰를 보고 왔는데 고객 만족이 안 됐을 때는 단골은커녕 "거기 가지 말라"라고 말하고 다니지 않으면 다행이다. 그러나 만족을 시킨다면 다른 사람에게 소개로 이어진다.

자신의 장점을 차별화로 만든다

홍보, 광고를 하고 서비스를 차별화하는 궁극의 목적은 입소문을 내기 위한 것이어야 한다. 이곳에서만 얻을 수 있는 가치를 제공하고 그걸 자랑하고 싶게 만드는 것이다.

차별화할 서비스를 만들 때는 남이 한다고 해서 따라 하면 안 된다. 학교에서도 국어 잘하는 사람이 있고 영어 잘하는 사람이 있고 수학 잘하는 사람이 있다. 타고난 능력이 다르니까 친구가 수학에 집중한다고 해서 나도 수학만 하면 안 된다. 수학은 못해도 되니까 내가 잘하는 것을 찾아야 한다.

고객은 여러 가지 성향이 있어서 만족하면 다른 사람을 데리고 올 수도 있고, 자신만 다시 오는 걸로 끝날 수도 있다. 특히 부자들은 자신만의 노하우를 가지려는 특징이 있어서 소개를 꺼릴 수도 있다. 그러나 어느 쪽이든 사람들이 매장에 왔을 때 고객 만족에 신경 쓰면 입소문이 퍼질 확률은 높아진다. 그러려면 지금 내가 응대하고 있는 고객이 어떤 사람인지 알아야 한다. 직원 교육을 할 때 나는 이 부분을 강조한다. 대화하면서 고객이 뭐 하는 사람인지 파악하고 무얼 충족해 주면 만족을 느낄지 알아차릴 수 있어야 한다.

일단 매장 안에 들어온 사람을 만족시키는 것이야말로 돈 안 들이고 하는 마케팅이다. 고객이 다시 오게 만드는 것을 목적으로 응대하는 것이다. 그렇지 않고 고객을 일회성으로 보면 어떻게 될까? 그건 다시 안 봐도 된다고 가정하는 것이다. 이때 직원은 매출을 높이기 위한 응대를 할 것이다. 한 방에 판매를 높이기 위한 응대가 오늘 한 번은 먹힐 수 있을지 몰라도, 거기에 다음은 없다.

매장 안으로 일단 들어오게 만들려고 마케팅에 돈을 쏟아부은 만큼 매장 안에서 고객을 충분히 만족시키는 시스템이 제대로 작동했다면 고객은 기하급수적으로 늘어날 것이다. 결국은 어떤 마케팅을 해도 이 방법이 뒤따르지 않으면 일회성 고객만 만들다가 투자회수율이 점점 떨어질 것이다. 매장 안에서 고객 만족에 충실하다 보면 가격을 싸게 해준다든가 사은품을 끼워준다든가 추가적인 투자가 이루어질 것이다. 그러나 그렇게 만족한 고객이 우리 매장을 소개하면 마케팅의 성과가 커지고 장사는 재밌어진다. 손님이 또 다른 손님을 파생시키고 왔던 손님이 또 오는 선순환이 되면 시간이 지날수록 광고를 적게 해도 매장은 일정 매출을 유지하게 된다. 그래서 최고의 마케팅은 입소문이라는 것이다.

매장에서 고객은 어떤 만족을 얻을 것인가

입소문 전략을 쓰고 싶다면 뭔가 우리 매장만의 자신 있는 점을 무조건 만들어야 한다. 잘하는 것이 없는데 입소문만 기다리는 건 소용이 없다. 입소문은 남들이 갖고 있지 않은 어떤 확신과 신념이 있을 때 유효하다. 아날로그 방식이지만 인간이란 서로 관계 형성이 중요한 동물이기 때문에 이걸 무시할 수는 없다. 아무리 온라인 세계와 SNS가 발달했어도 오프라인 매장은 결국 사람들 유대 관계에서 결정된다. 실체를 모르는 사람이 아니라 평소에 알고 있던 사람이 실제 겪어보고 얘기해 주는 말로 전해지는 것, 내가 봤을 때는 그게 가장 확실한 마케팅이다.

2015년에 경기도 의왕시에 아이데코 직영점을 열었을 때였다. 전단지, TV 광고, 네이버 광고, 블로그, SNS 등 수많은 광고 매체들이 있는데 과연 내가 돈을 쓰는 만큼 효과가 있는 건지 의구심이 들었다. 광고 없이 순수하게 고객들의 입소문만으로 성공할 수 있지 않을까 생각이 들어 테스트를 해보고 싶었다. 그때 나는 좋은 소재의 안경을 싸게 판다는 의미로 '티타늄 안경테

49,000원'이라는 콘셉트를 마련해놓고 있는 상태였다. 초창기 매장들이 흔히 하는 행사, 전단지, 광고를 전혀 하지 않고 114에 전화해도 인터넷을 검색해도 전화번호나 지도가 나오지 않도록 철저히 숨겼다. 홍보 수단은 오로지 매장 외벽에 붙인 간판으로 '아이데코', '티타늄 안경테 49,000원', '안경공장'이라는 문구가 전부였다.

당시에는 티타늄 소재가 대중적으로 잘 알려지지 않았는데 사람들은 '좋은 건데 공장이 있어서 싸게 파나 보다'라고 생각해서 한 번씩 매장으로 들어와 구경했다. 2층으로 가면 아무 제재 없이 안경테를 마음껏 써볼 수 있기 때문에 고객들은 아주 좋아했다. 결정적으로 입소문은 매장에 왔을 때 만족감을 제대로 느껴야 유효한 전략이다. 가격을 깎아 달라고 하면 추가 할인을 해주고 난시 같은 까다로운 시력 문제가 있으면 기술적으로 정확한 시력검사를 통해 만족시켜 주면서 소개를 부탁했다.

입소문 테스트는 3개월 정도 지나자 가시적으로 체감되기 시작했다. 가족이 가라고 해서, 친구가 가라고 해서 왔다는 사람들 중에는 "왜 검색이 안 되냐"라고 나무라는 사람도 있었다. 사람들은 대체로 이득을 봤다는 생각이 들면 자신도 뭔가 보답해 줘야겠다는 마음이 생긴다. 그 보답으로 소개를 부탁했으니 추천으로 이어지는 것은 자연스러운 일이었다.

고객이 느끼는 만족감은 시대에 따라 환경에 따라 다르다. 그래서 장사하는 사장은 세상을 잘 관찰하고 공부해야 한다. 2015년에 '티타늄 안경테 49,000원'을 성공시켰다고 해서 지금도 똑같이 하면 성공할까? 그건 아니다. **고객은 한 번 익숙해진 것에는 만족을 느끼지 못한다. 좀 더 획기적인 것을 제시했을 때 자발적인 입소문도 타는 것이다.** 그 부분은 평상시에 쉼 없이 고민하면서 연구하면 개발해낼 수 있다.

인풋이 있어야 아웃풋도 커진다

사람이라면 꼭 지켜야 하는 기본이 있듯이, 장사에도 기본은 있다. **사람이 항상 갖추어야 하는 5가지 도리로서 인의예지신(仁義禮智信)을 꼽는데, 나는 장사에서의 기본은 인사라고 생각한다.** 인사(人事)는 한문으로 풀면 '사람이 하는 일'이다. 인의예지신 중에서는 예(禮)에 해당한다. 사람으로서 가장 지켜야 할 기본 덕목은 예의인 셈이다. 인의예지신 중에서 예를 빼면 나머지 4가지는 정신에 가깝다. 오직 예만이 육체적인 것으로, 몸이 하는 예의 중에 가장 기본은 인사다. 그래서 인사는 사람이 해야 할 가장 기본적인 일이다.

인간은 서로 어떤 대가를 바라지 않고도 인사를 한다. 잘 보이려는 사람에게 인사하는 경우도 있지만, 대부분은 그저 인간으로서 기본적으로 지킬 덕목으로서 인사를 한다. "어른 보고 인사도 안 하니?"라고 어르신들이 지적하는 것은 그게 기본적인 도의이기 때문이다.

장사에서도 마케팅은 기본이다. 인사를 안 받아준다고 해서 인사를 안 하면 안 되듯이, 효과가 눈에 안 보인다고 해서 마케팅을 멈추면 안 된다. 인사를 받든 안 받든 사람이 인사를 잘 하면 인간성이 좋다는 소리를 듣는다. 장사에서도 잘 되려면 투자가 계속돼야 한다.

"마케팅해봐야 효과도 없던데"라고 주장할 거면 장사를 하지 말아야 한다. 마케팅의 방법은 수없이 많아서 정답은 이것이라고 말할 수 있는 건 없다. 복잡하고 미묘한 상황을 캐치해서 자신에게 딱 맞는 것을 찾아내야 한다.

사장이 조사해 보고 효과가 있다고 판단되면 전단지를 뿌리든 블로그를 하든 유선 방송을 하든 어느 것이나 상관없다. 장사는 멀리 보고 하는 것이다. 당장은 매출에 직결되는 것 같이 안 보여도 광고를 하면 쌓인다는 것을 믿어야 한다. 오늘 뭔가를 했는데 바로 효과가 없다고 중단하면 미래는 없다. 자영업자가 할 수 있는 광고 방법은 많은 것도 아니다. 버스 광고처럼 돈이 많이 드는 걸 할 수 있는 여력은 없으니까 돈이 많이 안 드는 거라면 해볼 수 있는 건 다 해보는 것이 좋다.

장사가 자리를 확실히 잡고 그동안 쌓은 광고 효과를 보기까지는 보통 10년 걸린다. 10년 뒤에는 광고를 안 해도 단골 고객이 많아지고 고객들이 알아서 찾아온다. 그때까지 한결같이 신경 써서 유지해야 하는 것은 서비스의 질이다. 그 사이 긴장을 놓치고 평균값이 떨어져 버리면 공든 탑도 무너질 것이다.

만약 광고 효과가 안 보이니까 돈이 아까워서 못 쓰겠다는 사람이 있다면 광고 투입 비율을 조금 줄여도 된다. 다만 그 매장이 최고치로 올릴 수 있는 매출은 기대하면 안 된다. 한 마디로 마케팅에 투자하는 것을 줄일 수는 있지만 끊으면 안 된다는 것이다. 10년 동안은 무조건 끝까지 해야 한다.

매출의 최소 1%는 광고에 투자하라

나의 경우 개인적으로 굉장히 도움을 많이 받았던 광고는 거울 광고였다. 안경원이 있는 지역 아파트 엘리베이터에 도배를 하다시피 과감한 투자를 했는데, 효과가 아주 좋았다. 매장을 새로 오픈한 초창기였는데 당시에 나는 초기 투자를 하느라 광고비를 투입할 여력이 없어서 광고 업체와 협상을 했다. 장사해서 돈을 번 후에 갚겠다고 외상으로 결제해 달라고 했는데, 마침 실적을 늘려야 하는 업체 담당자와 이해관계가 맞아서 가능했다.

그 후로 나는 매출의 3%를 늘 광고비로 따로 떼어놓고 운용한다. 사람들은 3%라고 하면 얼마 안 되는 돈이라고 생각하는데, 금액으로 생각하면 느낌이 다르다. 5천만 원 매출이면 150만 원이다. 금액으로 150만 원을 쓰려고 하면 큰돈이라 생각해서 망설이는데, 매출 대비 비중으로 생각해서 심리적으로 자극이 덜한 걸로 기억하면 광고를 지속할 수 있다.

또 한 가지 효과가 좋았던 프로모션 행사가 있었는데, 대구에서 안경원을 할 때 경쟁 매장을 이기기 위한 것으로 추첨해서 자전거를 주었다. 당시에 대구는 자전거를 많이 타고 다녔는데 사은품으로 아주 적절하다고 생각했다. 삼천리자전거에 가서 300대를 계약했는데 자전거 가격은 한 대에 3만 5천~4만 원 정도였다. 300대를 계약했다고 해서 현금으로 목돈을 내놓고 자전거를 받은 것은 아니었다. 안경원에는 20~50대 정도를 갖다 놓았고 "안경 구매 고객에게 자전거 300대를 추첨을 통해 드립니다"라고 광고를 했다. 자전거는 떨어지면 또 갖다놓고 반복했기 때문에 매장 앞에는 매일 30대 정도의·자전거를 볼 수 있었다.

고객이 광고 플래카드를 볼 때는 '자전거 300대'였지만, 실제로 집행되는 비용은 한 달에 매출의 3%로 정해놓고 지출을 관리했다. 추첨은 그날 안경을 구매한 사람들 중에서 했고 자전거는 그 다음날 주는 식이었는데, 자전거 300대를 일시에 주는 것이 아니라 하루에 1대를 지급하는 것이라서 비용 부담을 느끼지 않아도 됐다.

매일 사은품으로 자전거를 받은 고객은 사진을 찍어서 매장에 붙여놓았다. 그걸 보고 고객들은 "진짜로 주네"라고 인지하게 되었다. "내가 아는 사람이 당첨됐어"라는 소문이 여기저기 돌았고 그 자체가 홍보가 되어 고객들의 관심이 커지는 효과가 있었다. 내가 광고비를 집행한 것은 매출의 3%로 달라진 것은 없었는데, 극대화된 마케팅 효과를 낼 수 있었다. 고객들은 '자전거 하루 1대'가 아니라 "자전거 300대 준대"라고 말하고 다녔다.

사람이 밥을 먹고 에너지를 내는 것처럼 장사는 투자를 해야 매출과 수익으로 돌아온다. 당장 눈앞에 안 보인다고 해서 결과가 없는 것은 아니다. 나는 투자해야 할 적정선을 매출의 3%라고 생각하지만 현실적으로 이게 좀 힘들기 때문에 최소한 매출의 1%는 광고에 투자해야 한다고 생각해 주면 좋겠다. 지금 하는 투자들은 쌓여서 반드시 돌아올 것을 믿어도 된다. 이걸 믿으면 직접 눈으로 확인하지 않아도 실행할 수 있고, 언젠간 결과로 고스란히 돌아온다.

경쟁을 대하는 담대함

마케팅은 궁극적으로 많은 경쟁자들 중에서 나를 인지시키는 작업이다. 장사에서 경쟁은 피할 수 없는 일이다. 이 주변에 이런 콘셉트나 이런 아이템의 매장은 없다고 생각해서 오픈했어도 금세 비슷한 매장이 나타나거나 대체상품을 파는 매장이 나타나면 다시 경쟁 상황에 놓인다. 매장이 어느 정도 안정화될 시점이 되면 반드시 경쟁자가 나타난다. **그래서 장사하는 사장은 경쟁력을 꼭 갖추고 있어야 한다.**

이럴 때 경쟁자와의 경쟁을 피하는 부류와 정면 승부로 돌진하는 부류가 있다. 나는 경쟁을 즐기라고 말한다. 경쟁을 하면 힘들고 잠도 못 잘 정도로 걱정거리가 태산이다. 그러나 장사를 하면서 절대로 경쟁을 두려워하면 안 된다. 경쟁에 맞서면 성장할 수 있고 업그레이드할 수 있다. 그래서 경쟁은 즐길 수 있는 일이어야 한다. 요즘은 같은 업종이 아니어도 보이지 않는 경쟁자들과도 경쟁 상황에 놓인다. 예를 들면 오프라인 매장에 원하는 상품이 없으면 바로 온라인에서 구매하는 사람들도 많다.

경쟁은 자극이다. 경쟁자라는 자극이 나타나면 그때부터 생존을 위해 움직여야 한다. 여기서 이기기 위해서는 생각의 힘이 작용한다. 평소에 뇌 훈련으로 단련되어 생각의 씨가 잘 뿌려져 있다면 경쟁에서 이길 수 있는 아이디어를 떠올릴 수 있을 것이다. '어떻게 하면 이길 수 있을까? 나의 장단점이 무엇인가? 상대의 장단점은 무엇인가?'라는 질문에서 시작하면 된다.

주위에 보면 경쟁에 대해서는 염두에도 없고 대비도 없는 경우가 다반사다. 그러나 당장 내일 아침이라도 내 매장 옆에 경쟁자가 생길 수 있다는 건 엄연한 사실이다. 경쟁에서 나타나는 결과는 냉혹하다. 세상은 승자에게만 관심을 보내며 이기는 법을 모르는 자는 말없이 사라진다.

설사 나보다 규모가 큰 매장이 나타났다고 해도 절대 두려워할 필요는 없다. 경쟁자가 나타났다면 나를 성장시키고 업그레이드하기 위한 기회가 나타났다고 생각을 바꾸면 된다. 시험에 들었다면 문제를 풀고 통과하면 된다. 이 세상에 단점이 없는 것은 없다. 경쟁자의 단점을 찾아서 공략하면 반드시 이기는 법을 찾아낼 수 있다.

경쟁은 시장을 키운다

사람은 어릴 때부터 경쟁을 한다. 내가 중고등학교를 다니던 시절에는 반에서 1등을 하면 그 학생을 일어나게 해서 박수쳐 주고 축하해 주고 그랬다. 누구나 경쟁에서 잘해보고 싶고 이기고 싶어 한다. 반대로 경쟁을 두려워하고 스트레스를 받는 것도 역시 자연스러운 일이다. 그렇지만 관점을 바꾸면 두려움이 기회로 바뀐다. **경쟁은 나에게 긴장을 주지만 이기면 더 나은 발전으로 가는 성장 발판이 될 수 있다.**

나도 장사를 하면서 많은 경쟁을 했다. 그 덕분에 내공이 생겼고 롱런할 수 있었던 것 같다. 만약 나보다 큰 규모의 매장이 바로 길 건너에 생겼을 때 경쟁을 두려워하고 자포자기했다면 지금의 나는 없었을 것이다.

경쟁은 싸움이라고 한다면 격투기와 비교할 수 있다. 격투기는 룰이 있지만, 사업에서의 싸움은 룰이 없다. 그렇게 생각하면 경쟁은 어렵다. 룰이 있다면 격투기 경기를 하는 것처럼 룰에 따라 움직이면 되는데, 룰이 없는 경쟁에서는 지침이 따로 없어서 쉽지 않다.

생전에 ‘경영의 구루(guru)’라 불리던 피터 드러커는 경쟁을 통한 발전의 중요성을 강조했다.

> “현장의 사업모델, 제품, 서비스 중 쇠퇴한 걸 대체하고 향상하여 노력하지 않으면 경쟁사는 당신이 하지 않은 걸 대신해서 할 것이고 나중엔 당신의 역할마저 대신할 것이다.”

가만히 있으면 죽는 게 자연의 법칙이듯이 성장하지 않으면 실패하는 것이 성공의 법칙이다. 선의의 경쟁은 장사에도 도움이 된다. 유명한 보쌈집이 있는데 장사가 잘 되는 걸 보고 근처에 보쌈집이 또 생겼다고 해보자. 그런데 그 집도 맛있다면 두 곳이 다 잘될 수도 있다. 그걸 보고 또 보쌈집이 하나 더 생기고 점점 늘어나다 보니까 보쌈 골목이 형성된 동네가 있다. 그러다 보니 사람들은 보쌈이 생각나면 당연한 듯이 그 골목을 떠올린다. 아예 시장을 키워서 다 같이 잘 되는 선순환이다.

서로 경쟁을 통해서 빠른 성장을 이뤄내는 경우는 많다. 그래서 나 또한 경쟁을 좋은 것이라고 말한다. 다만 서로 심한 가격 경쟁을 하느라 서로가 서로를 죽이는 악순환이 될 수도 있다는 점은 간과해서는 안 된다. 이것을 잘 컨트롤하는 것이 사장의 몫이다. 적절한 경쟁을 통해 직원들과 함께 팀워크를 높이고 발전과 성장을 이룰 수 있다면 경쟁은 최고의 환경이다.

직원들은 대체로 이 경쟁을 스트레스라고 생각하고 회피하고 싶어 한다. 이 생각을 바꾸는 방법은 일대일 면담이 최고다. 면담을 통해서 경쟁의 의미와 장점을 이해시키고 함께 최선을 다하기로 마음을 모으면 된다. 경쟁이란 장사를 시작함과 동시에 미리 대비하고 생각해야 하는 것이며, 어쩔 수 없이 장사에 따라붙는 필수 환경이다.

이탈된 고객도 다시 오게 만드는 법

가끔 이런 질문하는 사람이 있다. "사장님은 재테크 안 하세요? 다른 데 투자 안 하세요?" 그러면 나는 이렇게 대답한다. "내 매장에 투자하면 가장 수익률이 좋은데 뭐 하러 다른 데 돈을 써요?" 장사하는 사람은 돈이 생기면 매장에 투자하는 것이 맞다. 금융상품에 투자해서 많이 벌어봐야 5%인데 내 매장에 투자하면 10% 수익을 벌 수 있다. 매장을 그대로 두면 언젠가는 죽어가는 곳이 되지만 새로움을 주면 오래도록 잘 살 수 있다.

사람들은 생기 있고 신선한 걸 좋아한다. 식물이든 동물이든 사람이든 물건이든 마찬가지다. 이건 매장의 경우도 똑같다. 매장이 젊음을 유지해 줘야 오래 잘 되는 장사를 할 수 있다. 고객이 오늘은 우리 매장에 왔다가 내일은 다른 매장에 가는 것은 고객이 새로운 걸 추구하기 때문이다. 국물 요리를 좋아하는 어떤 직장인이 있다고 해보자. 아무리 국물 요리를 좋아한다고 해도 오늘 갈비탕을 먹었으면 내일은 똑같은 것보다는 짬뽕이나 쌀국수를 먹으러 갈 것이다. 그런데 신선한 걸 좋아하는 고객은 귀찮음도 역시 가지고 있다. 그래서 **우리 매장이 변화를 추구하면 고객은 다른 데 안 가고도 새로움을 찾아 우리 매장을 자주 찾아오게 된다.**

매장 관리는 정기적으로 변화만 주어도 성공이다. 자꾸 큰돈 들여서 전체를 바꿔야 한다고 생각하지 않아도 된다. 적은 돈으로도 충분히 새로움을 주는 효과를 낼 수 있다. 간판 하나, 메뉴판 하나만 바꿔도 고객은 "인테리어 새로 했나?" 생각할 수 있다.

얼마 전에 우리 안경원에 같은 상가에서 장사를 하고 있는 사장이 아들과 함께 손님으로 왔다. 상가가 처음 생길 때 우리 매장은 첫 번째로 입주했고, 그 사장님의 매장은 두 번째로 입주했었는데, 그 당시에 쿠폰을 돌리던 것도 기억이 났다. 그가 이번에 와서 하는 이야기를 들어보니 몇 년 전에도 한번 왔던 모양이다. 그날 직원들이 불친절했고 다시 오기 싫었다고 하기에, 이번에는 왜 왔는지 물어봤다. "매장이 자꾸 바뀌니까 달라졌나 싶어서 와봤어요."

첫 방문에서 불만이 있었던 소비자도 매장이 자꾸 바뀌면 마음이 작동한다. 그 사람도 다른 데를 다녀봤을 텐데 자신의 마음에 쏙 드는 곳을 찾는 경우가 많진 않다. 그러다 보면 마음이 붕 뜨는 시기가 온다. 어디를 가야 하나 모르겠는 것이다. 그러다가 전에 갔던 곳인데 안 간다고 마음먹었지만 '좀 달라졌나' 싶은 생각이 스멀스멀 올라오게 만드는 것이 매장의 변화된 모습이다. 이탈된 고객도 매장이 바뀌면 다시 흡입될 수 있다.

매장이 바뀐 것이 눈에 띄면 고객은 안 간다고 결심했어도 마음이 흔들린다. '계속 바뀌는 거 보니까 달라졌나?', '계속 사람들이 많은 거 보니까 저기가 잘 되나 보네' 싶은 마음이 든다. 대중은 잘 되는 매장에 가서 구매하고 싶지, 방문하는 사람이 없어서 파리 날리는 매장에 가서 구매하고 싶어 하지 않는다. 그리고 '되게 열심히 하나 봐' 싶은 마음도 살포시 올라오면 궁금증이 발동한다. '사장이 바뀌었나?' 싶어서 와보는 사람도 있다.

매장이 살아 있어야 사장도 산다

대구 안경원에서 장사를 할 때 나는 아침에 출근하면 근무 시작 전에 항상 안경에게 허리 숙여 인사를 하고 장사를 시작하곤 했다. 내가 안경광학과에 들어가 안경사가 된 것은 순전히 '먹고는 살았으면 좋겠다'는 생각 때문이었는데, 실제로 안경이 나에게 돈을 벌어다 주니까 너무 고마워서 아침마다 인사를 한 것이다.

나에게 돈을 벌어다 주는 매장도 마찬가지다. 매장을 동반자로 생각하면 5년, 10년이 지나도록 돈이 든다는 이유로 낡아가는 채로 아무것도 안 해주고 그대로 놔둘 순 없다. 청소도 해주고 새로운 걸로 소품도 바꿔주고 기분 좋고 쾌적하게 치장해 줘야 함께 성장할 수 있다.

매장은 늙지 않게 관리해 줘야 한다. 매장이 젊었을 때 만족하던 고객들은 매장이 늙으면 떠나간다. 뭐가 됐든 늙은 걸 좋아하는 사람은 별로 없다. 사람은 신선하고 생기 있는 걸 본능적으로 좋아한다. 처음에 오픈했을 때처럼 신선함 없이 시간이 지나도 매장을 그대로 놔두면 늙는다. 퇴화되고 퇴보되는 것이다. 그래서 사장은 매장에 투자를 아끼지 말아야 한다. 자신의 즐거움에 투자하는 것보다 매장에 투자하는 것이 돈 버는 길이다.

고객은 매일 가던 집이 늘 같은 모습이면 싫증이 나기 때문에 다른 데로 바꾸고 싶어진다. 지겨워서 매일 똑같은 곳은 가기 싫은 것이다. 그런데 마음에 안 들어서 다른 집을 갔는데 거기서도 원하는 걸 딱 맞게 충족하기는 쉽지 않다. 구관이 명관이라고 다시 가볼까 하는 마음이 들 수도 있다.

매장에 변화를 자꾸 주면 뇌가 움직인다. '어 망할 줄 알았는데 잘 되네? 뭐가 바뀐 건가?' 호기심이 생긴다. 잘 되는 매장에 가서 소비하고 싶은 심리를 건드릴 수 있어야 한다. '전에 불만이었는데 그때 내가 좀 기분이 안 좋은 날이었나? 다시 한번 가볼까' 싶은 마음이 들면 성공이다.

그런 마음의 작동을 매장에서 자꾸 인위적으로 만들어줘야 한다. 대부분의 사람들은 처음에 오픈할 때 한번 해놓았던 대로 건드리지 않기 때문에 매출이 하락하기 시작한다. 돈을 벌려고 처음 장사를 시작했는데 돈 드니까 투자를 안 하는 것이다.

매장도 동반자로서 살아 있는 생명체라고 생각해 보자. 나도 옷을 매일 갈아입는데 매장도 옷을 갈아입고 싶을 것이다. 나에게 말은 안 하지만 똑같은 옷을 10년 동안 갈아입지 못하고 있다면 매장도 괴로울 것이다. 매장 안의 소품들도 똑같은 걸 5년, 10년 쓰고 있으면 질릴 것이다. **매장은 사장과 동반자이며, 그러면 매장에도 뭔가를 해줘야 한다.**

"매장을 왜 자꾸 바꾸는지 이제 알겠어요"

장사를 하려면 매장이 있어야 하고, 매장은 생물과 같아서 변화하지 않으면 고객이 찾지 않는다. 고객이 찾지 않는 매장은 죽은 매장이다. 항상 생기 있게 살아 있도록 매장에 변화를 주는 것은 마케팅의 중요한 부분이다.

주위의 장사하는 매장들을 보면 오픈한 지 수년이 지나도 변화가 없이 그대로 두고 장사하는 경우를 많이 봤다. 문 앞의 입간판이 색깔이 바래도 바꾸지 않는다. 자기 문 앞의 현수막, 배너가 어떻게 보이는지 신경 쓰지 않는 곳이 매장 안의 물건을 잘 해놓았을 리 만무하다. 예민한 고객들은 그런 것들을 보며 눈살을 찌푸리는 경우도 있다. 일단은 깨끗하게, 그리고 고객의 니즈와 시대의 변화에 따라 매장이 변해야 장사를 오래 할 수 있다.

내가 컨설팅을 해준 뒤 안경원을 오픈해서 잘 운영하고 있는 후배들이 많은데, 그중 무극안경 8년차에 접어드는 사람이 있다. 매장도 시간이 지나면 업그레이드가 필요하기 때문에 경영 컨설팅을 한번 받아볼 것을 권유했는데, 후배가 기꺼이 받아들여서 매장을 전반적으로 점검해 준 적이 있다. 그가 후에 컨설팅이 크게 도움이 됐다며 소감으로 후기를 남겼는데, 여기에 그 내용을 실어본다. 매장에 변화를 주는 것이 얼마나 소중한지 직접 체험한 사람의 이야기라서 독자들에게도 큰 도움이 될 것이라 생각한다.

"일반적인 소상공인 컨설팅이라면 마다하겠지만, 때마침 체인 대표인 손재환 대표님이 권하는 경영 컨설팅이었기 때문에 확실히 다를 것이라는 직감이 들었다. 그렇게 생각한 이유는 대구, 구미, 안양, 의왕 등 가는 곳마다 동네의 랜드마크를 만들 만큼 장사를 잘하시기 때문이다. 지금도 전국에서 세 손가락 안에 드는 유명한 안경원을 운영하는 분이 손재환 대표님이다. 안경원을 창업하고 싶어 하는 사람이면 보통 유동인구가 많은 비싸고 좋은 입지에서 매장을 열고 싶어 할 것이다. 그런데 손대표님은 상권이랄 것도 없어 보이는 시외 국도나 사람 한 명 다니지 않는 곳에서 고객의 방문을 유도해 성공을 이룬 분이다.

매장의 진단을 위해 대표님은 다른 전문가 한 분과 함께 방문했다. 자리에 앉자마자 대표님은 매장 안의 국산 안경테 금액별 비율과 총 개수, 수입 안경테 금액별 비율과 총 개수, 구비하고 있는 안경렌즈의 종류 등 현황을 리스트업하라고 지시했다.

직원들과 바로 작업 후에 보고했더니 대표님은 자료를 보고 우리 매장의 문제점이 뭔지 단박에 짚어주셨다. 역시 고수다. 일단 우리의 문제는 매장이 오래되었음에도 불구하고 오픈 초기와 똑같이 국산테와 수입테 비중을 똑같이 유지하고 있는 것이었다.

8년간 유지할 정도면 단골이 확보된 상황이니 수입테 비율을 늘리고 고급 매장으로 탈바꿈하면 매출이 상승할 것이라고 조언해 주셨다.

우리 매장에서 바꿔야 할 것은 첫째, 어두운 간판을 교체하라는 것이었다. 무극안경은 사실 체인 본사에서 강압적으로 정하는 것 없이 지점 사장들이 원하는 디자인으로 할 수 있다는 장점이 있다. 간판의 디자인이 자유이니 만큼 선배나 후배의 매장을 보고 따라 하는 경우가 많다. 새로 바꾸기로 한 간판도 다른 지점의 것과 간판 회사에서 보내준 몇 가지 시안을 가지고 선택했다.

대표님은 보고 나서 이런 간판은 유행도 지났거니와 매장의 고급화와는 동떨어져 맞지 않다고 하셨다. 간판에 구찌를 함께 넣는 것으로 하고 흰색 바탕에 글씨는 골드로 해보라고 조언하셨다. 아마도 대구에 있는 안경원 간판에 구찌가 있는 곳은 우리밖에 없을 것이다. 구찌가 아니어도 간판에 안경 브랜드를 넣는 안경원은 단 한 곳도 없다. 이유를 여쭈어보니 대표님은 '무극안경이 유명하니? 구찌가 유명하니?'라고 농담 반 진담 반의 질문을 하셨다.

나는 대표님이 여러 매장을 성공시키는 모습을 쭉 봐왔기 때문에 일단 무조건 따르기로 했다. 그전에도 대표님이 권하는 것에 대해 의심을 품은 적은 있었지만 결국엔 대표님 말씀이 항상 맞았다. 간판에 변화를 준 후 손님들의 반응은 크게 두 가지였다. '여기 사장님 바뀌었어요?'라는 말을 제일 많이 들었고, 그다음은 '인테리어 바꾸셨네요'라는 말을 많이 들었다. 손님에게 간판이 주는 느낌은 확실히 매장 분위기의 변화를 가장 크게 느끼게 만드는 것 같다.

우리 매장에서 바꿔야 할 것은 둘째, 안경원 안에 비치된 POP나 광고물을 교체하는 것이었다. 기존에 있던 광고물은 우리 매장이 싸다고 알리기 위해 만들어놓은 것들이었다. '최저가 정찰제 매장입니다' 등 싸다는 것을 강조한 내용이 많았다. 대표님은 이런 내용이 고급화 고객에게는 오히려 역효과를 낼 수 있고 저렴한 것만 판다는 인식을 줄 수 있으니 고급 매장 콘셉트로 바꾸려면 맞지 않다고 하셨다.

대표님은 확실히 내가 본 사람 중에는 가장 뛰어난 장사의 신이다. 손님의 심리를 잘 알고 거기에 따라 대응해야 하는 법까지 알고 있는 분이다. 장사를 잘 하는 방법을 정말 잘 아신다. 보통 장사는 돈을 벌려고 한다고 말하는데, 대표님은 돈만 보고 하는 장사는 망한다고 항상 이야기한다. 손님의 심리를 알고 장사를 해야 한다는 것이다.

우리 매장이 바꿔야 할 것은 셋째, 직원들의 동기부여였다. 내가 생각한 직원들을 위한 동기부여는 돈을 더 주고 근무시간을 줄여주는 것이었다. 그러면 알아서 동기부여가 잘 될 것이라 생각하고 있었다.

그런데 대표님의 의견은 달랐다. 일단 사장이 2개의 매장을 운영하거나 다른 일로 매장을 자주 비우는 경우라면, 직원에게 금전적인 비용을 받고 지분을 넘겨주라는 것이다. 그렇게 직원이 사장 대신의 일을 할 수 있도록 하는 방법이 있다는 것이다.

만약 직원이 지분에 대한 자본 투자를 하기 힘든 상황이라면 전체 직원 중에서 막내 사원만 따로 면담을 해서 개인 매출을 올릴 수 있도록 교육하고 미션을 주는 방법이 있다. 그러면 나머지 직원들은 당연히 뒤처지지 않기 위해 더 노력할 수밖에 없다는 것이다.

이런 개인별 동기부여 방법 외에도, 사장이 뛰어난 실력을 갖추고 있어서 직원이 하나라도 더 배우고 싶어 하면 매장 전체에 자연스럽게 동기부여가 된다고 하셨다. 인센티브나 칭찬은 중독성이 있기 때문에 시간이 지나면 빛이 바래고 자꾸 당근만 요구하는 상황이 생긴다. 당근만으로는 직원을 이끄는데 한계가 있다는 의견을 내보이셨다.

손재환 대표님의 컨설팅을 받고 실행에 옮겨보니 생각의 전환과 안경원 운영 방식에 변화를 줄 수 있는 통찰을 얻은 것 같다."

트렌드를 빨리 감지하는 기술

빠르게 변화하는 세상에서 마케팅 포인트를 제대로 잡으려면 트렌드를 빨리 간파해 변화에 적응해야 한다. 특히나 대한민국 땅에서 변화는 곧 경쟁력이다. 남들보다 반 박자 앞서나가면 고객이 우리 매장으로 몰린다. 트렌드를 뒤따라가면 그때는 이미 늦다. 유행을 빨리 감지할 수 있는 것도 기술이고 능력이다. 현장을 잘 지키는 사장은 고객들과 접촉하는 것만으로도 트렌드를 감지할 수 있다.

업계 사람들이 모이는 모임을 가서 정보를 얻겠다는 사람도 있는데, 그런 간접적인 방법보다는 **장사하는 현장에서 직접적으로 느껴야 빠르고 정확하게 변화를 감지할 수 있다.** 업종마다 다르고 동네마다 환경도 다르니까 사장 스스로 그걸 감지해야 정확하다. 잘못하면 확인 안 된 카더라 통신에 휩쓸릴 수 있다. 트렌드를 뒤쫓기보다 리드하는 사람은 변화를 더 유연하게 활용할 수 있다.

1등 하는 사람은 항상 새로운 걸 찾는다. 2등이 쫓아오면 1등은 도망간다. 고객 만족을 위해서 기술을 개발하고 신상품을 연구한다. 그래서 새로운 시스템, 새로운 아이템은 계속 세상에 나온다. 어떤 매장이 성공했다고 해도 2~3년이 지나면 새로운 트렌드가 반영되고 뭔가 바뀌어야 한다. 똑같은 방식으로 2호점을 냈을 때 망하는 이유를 여기에서 찾아볼 수 있다.

매장 장사에는 콘텐츠가 들어간다. 제품을 볼 줄 아는 안목, 음식을 만든다거나 옷을 골라오는 등의 제품을 생산하는 능력, 잘 팔 수 있는 프로모션, 손님을 불러오는 마케팅, 가격 협상력, 간판을 바꾸고 메뉴판을 교체하는 등의 변화 적응력 같은 모든 능력이 여기에 포함된다. 이런 능력을 다 갖추려면 감각적인 것도 배우고 연습할 수 있어야 한다. **감각을 익히는 데에는 물리적인 시간이 필요하기 때문에 고수에게 배우면 시행착오를 줄일 수 있다.**

브랜드 로열티로 물건을 파는 곳은 자본의 힘으로 운영된다. 자본력이 부족한 초보 사장이라면 능력으로 승부를 보는 수밖에 없다. 자신이 만들어낸 제품이나 서비스의 품질을 세팅해내는 감각은 하루아침에 생성되지 않는다. **꾸준한 노력만이 배신하지 않는 무기가 된다.**

소문과 정보를 물어다 주는 사람들

매장에 트렌드를 반영하는 데에는 흐름을 따라가는 방법이 있고 앞서가면서 창조해 내는 방법이 있다. 이때 사장의 감각이 중요하게 작용한다. 장사의 고수가 되면 변화를 캐치해 내는 안목도 생기는데, 처음부터 이 안목을 갖추는 건 힘든 일이라 초보 사장은 트렌드를 알아보고 부지런히 따라가는 노력을 하면 된다.

트렌드를 알아차리려면 책도 보고 뉴스도 체크하고 업계에서 가장 잘나가는 매장을 파악해서 가봐야 된다. 같은 업종이 아니어도 다른 업종에서 변화를 감지하고 아이디어를 얻을 수도 있다. **나의 경우에는 책을 보거나 공부도 하지만 가장 중요한 정보원은 영업사원들이다. 그들은 전국을 다니면서 안경렌즈와 안경테를 홍보하고 공급하는 사람들이기 때문에 가장 변화에 빠르다.**

사장이 휴무날에 집에서 잠으로 재충전을 할 수도 있겠지만, 열심히 하는 사장은 평소에는 매장에서 일하느라 바쁘고 휴일에는 트렌드를 찾아다니느라 바쁘다. 나는 일일이 돌아다니는 시간을 절약하기 위해 방법을 찾은 것이 영업사원들을 활용하는 것이었다. "어디가 잘 돼?" "어떻게 잘 돼?" 물어보면, 그들은 많은 것들을 접하기 때문에 알찬 정보를 얻어다 준다. 사실 그들은 장사에 선수인 셈이다.

트렌드는 인테리어가 될 수도 있고 신상품일 수도 있고, 눈에는 보이지 않는 시스템일 수도 있다. 이런 것들을 반영하려면 꼭 필요한 것이 자금이다. 투자가 따르지 않으면 변화를 따라가는 건 불가능하다. 이걸 미리 대비하기 위해서는 적금을 들든지 마케팅비를 적립해놓든지 비책을 마련해놓고 있어야 한다. 투자 비용을 아까워하기 때문에 많은 사람들이 정체되고 퇴보한다.

그렇게 따지면 인테리어도 5~10년마다 바꿔야지, 홍보비는 최소 매출의 1% 이상은 떼어놔야지, '언제 돈 버나' 싶을 것이다. 그래도 지금 당장 아까운 걸 볼 게 아니라 장사는 롱런을 목표로 길게 봐야 한다. 장사로 떼돈을 벌 수 있다고 생각하기보다 이제는 직장의 개념으로 장사를 바라보고 전략을 짜야 한다. 안 잘리고 길게 할 수 있는 '일'을 나 스스로 만드는 것이 장사다.

특출나게 타고난 재능이 있는 사람이면 빨리 돈을 벌 수 있겠지만, 그보다는 꾸준히 투자하면서 길게 가는 전략으로 가야 한다. 그러다가 트렌드가 딱 떨어지는 운과 차곡차곡 쌓였던 실력이 만나면 그때 돈을 버는 것이다. 그때까지는 장기적으로 살아남을 준비를 하고 기회를 알아볼 수 있는 안목을 갖춰야 한다.

3분 요약 체크-Chapter.3 강력한 마케팅의 법칙

◎ SNS 마케팅이라는 또 하나의 옵션. 매장이 초창기일 때 성공시키는 방법은 두 가지다. SNS를 이용해서 빠르게 홍보하는 방법, 전통적인 방식으로 한 사람 한 사람 만족시키면서 입소문이 퍼질 때까지 기다리는 방법이다. 처음부터 SNS로 홍보하는 경우에는 초기에 손님이 몰렸다가 급격하게 손님이 줄어들 위험도 생각해야 한다. 반면 한 명씩 최선을 다해 만족시키면서 소문이 나기를 기다리는 방법은 시간이 오래 걸리지만 성공하면 훨씬 탄탄한 장사를 할 수 있다. 손님들이 알아서 홍보하기 때문에 한번 상승세를 타면 무섭게 급성장할 수 있다.

◎ 가장 강력한 마케팅, 입소문. 요즘에는 경쟁도 심하고 고객들의 기대수치가 높아서 매장에 왔을 때 웬만한 걸로는 만족하지 않는다. 그 집에 꼭 와야 하는 이유는 그 매장의 차별화가 된다. 이곳에서만 얻을 수 있는 가치를 제공하고 그걸 자랑하고 싶게 만드는 것이다. 매장 안으로 일단 들어오게 만들려고 마케팅에 돈을 쏟아부은 만큼 매장 안에서 고객을 충분히 만족시키는 시스템이 제대로 작동했다면 고객은 기하급수적으로 늘어날 것이다.

◎ 인풋이 있어야 아웃풋도 커진다. 인간은 서로 어떤 대가를 바라지 않고 기본적으로 지킬 덕목으로 인사를 한다. 장사에서 지켜야 할 기본 덕목은 마케팅이다. 효과가 눈에 안 보인다고 해서 마케팅을 멈추면 안 되고, 투자도 계속돼야 한다. 오늘 뭔가를 했는데 바로 효과가 없다고 중단하면 미래는 없다. 한 마디로 마케팅에 투자하는 것을 줄일 수는 있지만 끊으면 안 된다는 것이다.

◎ 경쟁을 대하는 담대함. 마케팅은 궁극적으로 많은 경쟁자들 중에서 나를 인지시키는 작업이다. 장사에서 경쟁은 피할 수 없는 일이다. 경쟁에는 경쟁자와의 출혈을 피하는 부류와 정면 승부로 돌진하는 부류가 있다. 나는 장사를 하면서 절대로 경쟁을 두려워하면 안 되고 즐기라고 말한다. 경쟁에 맞서면 성장할 수 있고 업그레이드할 수 있다. 그래서 경쟁은 즐길 수 있는 일이어야 한다. 경쟁은 자극이다. 경쟁자가 나타났다면 나를 성장시키고 업그레이드하기 위한 기회가 나타났다고 생각을 바꾸면 된다.

◎ 이탈된 고객도 다시 오게 만드는 법. 사람들은 생기 있고 신선한 걸 좋아한다. 식물이든 동물이든 사람이든 물건이든 마찬가지다. 이건 매장의 경우도 똑같다. 매장이 젊음을 유지해 줘야 오래 잘 되는 장사를 할 수 있다. 매장 관리는 정기적으로 변화만 주어도 성공이다. 적은 돈으로도 충분히 새로움을 주는 효과를 낼 수 있다.

◎ "매장을 왜 자꾸 바꾸는지 알겠어요." 장사를 하려면 매장이 있어야 하고, 매장은 생물과 같아서 변화하지 않으면 고객이 찾지 않는다. 고객이 찾지 않는 매장은 죽은 매장이다. 항상 생기 있게 살아 있도록 매장에 변화를 주는 것은 마케팅의 중요한 부분이다. 일단은 깨끗하게, 그리고 고객의 니즈와 시대의 변화에 따라 매장이 변해야 장사를 오래 할 수 있다.

◎ 트렌드를 빨리 감지하는 기술. 빠르게 변화하는 세상에서 마케팅 포인트를 제대로 잡으려면 트렌드를 빨리 간파해 변화에 적응해야 한다. 남들보다 반 박자 앞서나가면 고객이 우리 매장으로 몰린다. 트렌드를 뒤따라가면 그때는 이미 늦다. 트렌드를 뒤쫓기보다 리드하는 사람은 변화를 더 유연하게 활용할 수 있다. 업종마다 다르고 동네마다 환경도 다르니까 사장 스스로 그걸 감지해야 정확하다.

내가 심은 나무는
내가 주는 물을
먹고 자란다

The tree I planted grow up as water I give.

Chapter. 4

재방문을 부르는 매장관리 원칙

- 왠지 들어가 보고 싶은 매장의 특징
- 음식점이 아니어도 청결하게
- 매출을 극대화하는 상품 구성의 비밀
- 상품 배치를 바꾸면 매출이 바뀐다
- 계절마다 매장을 다채롭게 바꿔라
- 단골 만들기는 심리전이다
- 매장 관리와 운영을 위한 체크리스트

왠지 들어가 보고 싶은 매장의 특징

매장 문을 열고 첫 고객, 첫 단골을 유치하기 위해 노력하다 보면 손님이 점점 늘어날 것이다. 재방문을 늘리면서도 처음 방문객을 함께 늘려야 매장은 안정적인 매출을 항상 유지할 수 있다. 그러려면 매장은 일정 수준으로 관리가 잘돼야 하고, 그게 가능하려면 몇 가지 원칙을 가지고 있는 것이 좋다.

첫째, 매장관리에서 청결은 빠질 수 없는 조건이다. 식당은 당연하고 먹는 곳이 아니어도 일정 수준의 청결함은 유지돼야 한다. 여기에는 깨끗함뿐 아니라 어수선해 보이지 않게 정리정돈하는 것도 포함한다.

둘째, 매장관리를 위해 계속 변화를 주어야 한다. 인테리어를 크게 바꾸지 않아도 소품이든 가구 배치든 사장은 항상 매장이 살아 있도록 변화를 주어야 한다. 고객은 변화가 없는 가게는 금방 식상해한다. 변화에 신경 쓰는 사장의 노력과 열정은 티가 나게 마련이고, 알게 모르게 고객들은 노력하는 사람을 도와주고 싶어 한다.

그 가게 사장이 몇 시에 출근하는지는 잘 모르지만 갈 때마다 사소한 것이라도 바뀐 게 있다면 노력하고 있다는 걸 느끼게 된다. 식당이라면 냅킨만 바꿔도 식사 분위기가 달라질 수 있다. 메뉴판, 쇼핑백, 앞치마만 바꿔도 업그레이드된 느낌을 줄 수 있다. 모를 것 같지만 고객들의 눈은 예리해서 신기하게도 다 알아차린다. 변화라고 하면 돈을 들여서 뭔가 큰 걸 바꿔야 할 거라고 생각하기 쉽지만 꼭 그렇진 않다. 며칠 문을 닫고 인테리어를 바꾸는 게 아니더라도 숟가락, 젓가락을 새것으로 바꿀 수도 있다. 돈을 들이지 않아도 의자 위치를 바꾼다든지 동선을 효율적으로 바꾸는 식의 노력도 괜찮다. 가정에서도 소파의 위치를 바꿈으로써 새로움을 줄 수 있지 않은가.

셋째, 홍보비를 매달 책정해놓아야 한다. 보통은 오픈하고 나서 초창기에는 홍보비를 많이 쓰다가 1~2년이 지나면 더 이상 마케팅에 신경 쓰지 않는다. 시간이 좀 지나면 홍보비를 아까워하는 것인데 장기적으로 장사를 유지하기 위해서는 절대로 그러면 안 된다. 홍보는 매장이 살아가는 데 꼭 필요한 것이다.

매장도 살아 있는 유기체로 보고 매출의 최소 1% 이상, 권장

하는 것은 3% 정도를 홍보비로 써야 한다. 그런데 실제로는 매출의 1%도 쓰지 않는 곳이 많다. 매장은 홍보를 먹고 성장하기 때문에 사장이 번 돈을 다 가져가지 말고 매장의 몫으로 남겨두어야 매장이 살아갈 수 있다. 홍보비는 매달 쓸 수도 있고 분기에 한 번 쓸 수도 있다. 운영은 각자의 사정에 맞춰서 하되 매출의 1%는 내 돈이 아니라고 생각해야 한다.

1천만 원 매출이라면 10만 원이 홍보비인 셈인데 이게 얼마 안 되는 것 같지만 막상 닥치면 아까워서 못 쓰는 사람이 많다. '효과도 없는데 뭐'라고 생각할 일이 아니다. 배고프면 밥을 먹듯이 매장에도 밥을 줘야 한다. 밥으로 주는 홍보비가 쌓이고 쌓여야 한다. 당장 효과가 있고 없고 따질 일이 아니다. 효과는 금방 나타날 수도 있지만 보이지 않게 나타나는 경우가 훨씬 더 많다. 홍보비만큼은 제발 아끼지 말고 끊임없이 투자하기 바란다.

내가 매달 지출하는 이 홍보비로 인해 홍보 광고업을 하는 사람들과 같이 먹고산다고 보면 속 편하다. 나의 이득을 위해서 하는 것이기도 하지만 나로 인해 파생되는 경제활동이 부가가치를 만들고 더 크게 경제를 키울 수 있을 것이라 생각한다. 내가 대구에서 안경원을 할 때 나이 지긋하신 광고업 종사자가 "광고를 해달라" 부탁을 하는 경우도 있었다. 그런 부탁을 들어주다 보면 그분들이 손님을 보내주는 경우도 많이 있었다. 결국 경제는 돌고 도는 것이다.

쉴 새 없이 항상 움직이는 직원들

매장관리에서 특히 접객 부문은 가장 신경을 많이 써야 한다. 그래서 공간을 동적인 구조로 만들어야 한다. 사람들은 살아 움직이는 곳에 가고 싶지, 썰렁한 곳에는 들어가기 싫어한다. 직원은 많은데 손님은 나 혼자면 시선 집중을 받기 때문에 부담스러워한다. 대부분의 사람들은 군중 속으로 들어가서 편하게 쇼핑하기를 원한다.

우리 안경원은 매장이 커서 직원들에게 분산해서 흩어져 있으라는 이야기를 한다. 그런데도 손님이 없을 때는 직원들이 자꾸 모여 있곤 하는데, 그러다가 손님이 한 명 들어오면 "안녕하십니까" 크게 소리 지르는 경우도 있다. 나는 그걸 매우 경계하는데 "웬만한 배짱이 아니고서야 들어오고 싶겠냐"라는 게 직원들을 혼내는 이유다.

손님이 없을수록 장사하는 사람은 매장에서 더 움직여야 한다. 장사 안 된다며 울상 지으며 휴대폰 보고 신문 보고 TV 보고 그래서는 안 된다. 사람은 병이 들면 병원도 가야 되지만 무조건 첫째 움직여야 한다. 운동을 하든 산책을 하든 움직여야 병이 더 나빠지지 않는다. 매장도 장사가 안 되는 늪에 빠지면 가만히 앉아서 생각해 본들 답이 안 나온다. 계속 움직이고 동적인 느낌을 만들어야 흐름이 바뀐다. 매장 앞을 지나가는 사람이 볼 때 안에서 일하는 것처럼 보여야 한다. 지나갈 때마다 직원이든 사장이든 휴대폰만 쳐다보고 있으면 그 집은 들어가기 싫다. '어지간히 장사가 안 되는구나. 저러다가 곧 망하겠다' 싶으면 그곳은 더욱 들어가기가 싫다. 그래서 매장은 안 될수록 동적인 움직임을 만들어야 한다.

우리 안경원에 방문하는 영업사원들이 이런 말을 자주 한다. "여기는 일이 많네요. 다른 안경원에 가면 직원들이 컴퓨터 보고 TV 보고 있는데 여기는 무슨 일이 그렇게 많아요?" 그것은 손님이 없어도 계속 움직이도록 내가 일을 많이 시키기 때문이다. 손님이 없으니까 할 일이 없다며 직원들이 쉬고 있으면 그 집은 계속 손님이 없다. 장사는 더 안 되고 손님은 더 들어오기 싫어하는 악순환이 된다. 움직임은 인위적이어도 좋다. 실제로 할 일이 없더라도 밖에서 보면 뭔가 일하고 있는 것처럼 움직여야 한다. 항상 왔다 갔다 하는 움직임이 보이면 '손님은 없는데 일을 하네?'라고 생각한다. 밖에서 보면 손님인지 주인인지 잘 알 수 없고 그건 중요하지 않다. 까만 머리가 움직이는 게 계속 보이는 것이 중요하다. 이걸 모르면 안 되는 곳은 계속 사람이 없다.

왠지 들어가기 싫은 가게의 공통점

커피숍의 젊은 사장을 떠올려보자. 사장이 젊을수록 고객들은 게을러 보이는 걸 더 못 봐준다. 만약 커피 한 잔 내주고 휴대폰만 보고 있다면 그 사장은 상당히 게을러 보일 것이다. 그런데 그는 갈 때마다 앉아 있는 걸 보지 못했다. 카운터 앞에 서서 설거지를 하든가 커피 소분이라도 하고 있다. 손님이 들어오면 바로 눈 마주치고 인사하는데 손님이 커피를 마시는 동안에도 계속 서서 왔다 갔다 바쁘다. 위치는 안 좋은 곳에 있지만 친절한 데다가 부지런해서 뭔가 잘 되는 집 같아 보인다.

반면에 **매장이 정적인 분위기라면 망할 확률이 높아진다.** 음식점의 경우에도 손님이 많으면 '회전율이 빠르니까 재료도 빨리 소진돼서 신선할 거야'라고 추측하게 된다. 그런데 손님이 너무 없으면 '오늘 나온 음식은 신선한 게 맞을까' 싶은 생각이 든다. 음식점이 아닌 경우에도 손님이 없으면 뭔가 바가지 쓰는 거 아닐까 싶기도 하다.

손님이 없어서 매장 안에서 너무 할 일이 없다면 보여줄 일을 찾아야 한다. 예를 들면 냅킨을 접었다가 다시 폈다가 다시 접는 것이다. 전화기도 괜히 들었다 놨다 한다. 보여주는 쇼라고 생각하면 된다. 앉아서 핸드폰을 보는 게 아니라 전화기를 들고 있으면 일하는 것처럼 느껴진다. 특히 동네 장사는 오며 가며 사람들이 예리하게 보기 때문에 그런 게 중요하다.

안경원은 단가가 높은 상품이라서 사람들이 매일 가는 슈퍼마켓처럼 들락날락하지는 않는다. 그래도 뻔히 직원인 걸 알겠는데 핸드폰만 들여다보고 있으면 그 집은 들어가기가 싫은 법이다. 현대인은 짬만 나면 핸드폰을 보는 것이 일상이어서 직원

관리가 참 어렵다. 요즘 젊은 직원들에게는 핸드폰을 못 보게 하기도 애매하기 때문에, 사장이 먼저 움직이는 수밖에 없다. 이것이 매장관리의 키포인트다.

음식점이 아니어도 청결하게

지금은 시대가 많이 바뀌어서 매장이 지저분한 걸 사람들이 봐주지 않는다. 그래서 **음식점이든 아니든 청결은 매장관리에서 아주 중요한 요소다.** 그런데 아이러니하게도 시대가 바뀌어서 직원들은 청소를 신경 쓰지 않는다. 예전에는 안경원에 신입사원이 입사하면 가장 먼저 해야 하는 것이 청소였다. 안경 공구를 잡기 전에 걸레 밀대부터 잡았다. 그것도 아주 깨끗이 해야 돼서 잘못하면 다시 하라는 말도 듣곤 했다. 청소를 다시 하기 귀찮으니까 한번 할 때 빡빡 밀어서 청소했던 기억이 생생하다. 그런데 지금은 신입사원이 청소 잘 하는 모습을 기대할 순 없다. 설렁설렁하느라 타일에 물때가 차는 걸 보는 것보다 하루에 2시간 아침에만 근무하는 청소 도우미를 따로 고용하는 게 낫다.

음식점이라면 청결은 특히 더 신경 써야 한다. 아무리 맛있어도 불결하면 사람들은 안 간다. 의자나 테이블에 물때 같은 얼룩이 보이면 나도 가기가 싫다. 우리 매장에서 내가 가장 예민하게 보는 것은 첫 번째 거미줄이다. 거미는 사람이 사는 곳이든 안 사는 곳이든 어디에나 터를 잡고 사는 존재여서 알게 모르게 구석구석 거미줄이 있다. 희한하게도 직원이 아무리 많아도 그들 눈에는 그게 안 보이고 사장 눈에만 보인다. 결국 사장이 관심 없으면 청결은 해결되지 않는다.

나는 오픈 전에 인테리어를 할 때부터 이 부분을 특히 신경 쓴다. 청소를 해도 구석에 물때가 쉽게 낄 수 있다. 신발 자국이 찍힌 채로 방치될 수 있어서 인테리어를 할 때도 스탠 재질로 마감재를 쓴다. 인테리어 업자는 "왜 이렇게 비싼 걸로 해요?"라고 하지만 나는 청소를 해도 지저분해 보이는 걸 사전에 차단하는 것이다. 오래돼도 때처럼 안 보이게 하려면 닦으면 광이 나는 재질로 마감해서 상태를 유지하는 것이다. 방문하는 사람들은 한두 사람이 아니라서 어떤 사람이 올지 아무도 모른다. 예리하고 예민한 고객이 봤을 때 만족할 수 있는 정도로 매장을 관리해줘야 한다. 그런 안목을 키우는 것이 사장의 경쟁력이다.

화장실만 봐도 매장 수준이 보인다

외부인 출입 금지 지역이고 직원들끼리만 사용하는 공간이면 아무리 이것저것 던져놔도 나는 개입하지 않는다. 손님 눈에 안 보이는 공간까지 잔소리를 하면 직원들이 너무 스트레스를 받으니까 자제한다. 그렇지만 손님들 눈에 띄는 곳, 얼핏 안 볼 것 같은 생각이 들지만 누군가는 충분히 볼 수 있는 곳이라면 완벽하게 청결해야 한다. 오래된 곳은 흠집이 난 데가 엄청나게 많다. 그 틈새에 때가 낀 채 방치돼 있다면 눈살이 찌푸려질 것이다. 인테리어가 화이트 톤인데 흠집이 난 곳이 있다면 그런 집은 안 가고 싶을 것이다. 청결은 완벽하게 사장의 눈으로 체크해야 하고 직원에게 알아서 하라고 맡길 일은 아니다.

많은 사람들이 매장에서 만족스러워하다가 화장실에 잠깐 갔는데 지저분한 걸 보고 생각이 확 바뀌었다는 경험을 이야기한다. 화장실만 봐도 충분히 그 가게의 수준을 볼 수 있다. 그래서 매장에 변화를 주려면 화장실만 바꿔도 효과를 볼 수 있을 정도다. 매장에서 압도됐는데 화장실이 엉망이면 부정적 이미지는 배가 된다. 한 건물 안에서 공동 화장실로 쓰는 곳이면 어쩔 수 없다고 이해해 주겠지만 그 매장에서만 쓰는 화장실이라면 변명의 여지가 없다.

장사하는 사장으로서가 아니라 고객으로서 방문했던 곳에서 어떤 자극을 받고 어떤 생각을 했는지 잘 생각해 보면 답이 보일 것이다. 처음 간 어떤 동네에서 식당에 들어갔을 때의 일이다. 양도 많고 맛있다고 추천을 받았는데 오픈한 지 5년 정도 된 곳이라고 했다. 자리를 안내받아서 앉았는데 바닥이 눈에 들어왔다. 헤진 곳이 군데군데 있는데다가 흰색 타일이 브라운색으로 변해 있었는데 좋아 보이지 않았다. 화장실을 갔더니 남녀 공용이었고 남자 소변기 한 개가 있는데 청결하지가 않았다. 별로라는 생각이 들었는데, 화장실 위치가 주방 바로 앞에 있었다. '상태 안 좋은 타일을 가리기라도 했으면 덜했을 텐데'라는 생각이 들었고, 두 번은 안 오겠다는 생각을 했다.

수납장은 많을수록 좋다

매장이 작으면 창고에 두어야 할 물품들을 관리하는 게 쉽지 않다. 예를 들면 식당에서 쌀이나 다른 식재료를 한쪽에 쌓아둔 걸 볼 수가 있다. 그래서 인테리어를 할 때는 처음부터 수납공간을 많이 만들어 달라고 해야 한다. 그런데 초보 사장들은 이런 걸 생각하지 못했다가 나중에서야 수납공간이 절실해지고 좁은 공간에서 어쩌지 못하고 쌓아놓는다.

인테리어 업자들은 그런 걸 부탁하면 일이 두세 배 늘어나니까 싫어할 수도 있다. "그렇게 많이 만들어서 뭐 하게요?" 할 수도 있다. 하지만 다 쓰일 데가 있다며 해달라고 해야 한다. 나중에 실제 써보면 그래도 수납공간은 여전히 모자란다.

수납공간을 충분히 마련하기 위해서는 인테리어를 할 때 벽을 이용하면 좋다. 한쪽 벽 전체에 수납장을 짜 넣고 한 가지 컬

러로 하면 넓어 보이는 효과도 있다. 자주 안 쓰이는 것들은 거기에 다 넣어둘 수 있다.

오픈 전 인테리어를 할 때부터 수납공간을 여유 있게 충분히 마련해야 하지만, 이미 장사하고 있는 매장을 인수해서 하는 경우에는 어떻게 해야 할까. 잠깐이라도 문을 닫고 매장을 수리할 여유가 없었다면 최대한 깔끔하게 정리 정돈한 티가 나야 한다. 수납공간이 부족해 물건을 밖으로 꺼내놓아야 한다면, 최소한 절대 꺼내놓지 말아야 할 것과 꺼내놔도 되는 것을 구분해야 한다.

원칙을 말하자면 업종에 관계되는 건 내놔도 된다. 옷을 파는 매장이라면 다 진열하지 못한 옷은 밖에 내놔도 된다. 과일가게라면 다 진열하지 못한 과일은 밖에 내놔도 된다. 반면에 개인적인 물건들, 예를 들면, 아이들 세발자전거가 밖에 나와 있는 건 손님 입장에서 보기 좋지 않다.

음식점에서 '우리 집은 좋은 쌀을 쓴다'는 걸 보여주기 위해 일부러 보이는 곳에 쌀 포대를 쌓아놓는 경우가 있다. 그 밖에도 밀가루 포대나 식용유 통을 복도에 내놓는다든가 하는 경우가 있는데, 그게 화장실 가는 통로에 있으면 별로 기분이 좋지는 않을 것이다. 규모가 큰 공간이 아니라 어쩔 수 없고 나름대로 정리한 것이라 해도 바람직해 보이지는 않는다. 쌀 같은 건 단가를 낮추기 위해 대량으로 구매했다면 자기 차 트렁크에 넣어놔도 된다. 방법은 찾으면 되니까 청결이 중요한 업종이라면 더 예리하게 봐야 한다.

수납공간은 부엌에도 많을수록 좋다. 손님들의 동선에서 발에 걸리거나 하면 좋지 않다. 어쩔 수 없다며 자기 합리화하지 말고, '내가 고객이라면 어떻게 보일까'라고 항상 관점을 바꾸어 생각해 봐야 한다. 사장 입장에서 보면 '괜찮아, 뭐 어때?' 싶은 것도 고객 입장이 되면 모든 게 달라 보인다. 자신의 매장에서 나가면 사장도 소비자로 돌아간다. 자신이 다른 곳에서 하는 행동과 심리를 살펴보면 알 것이다. 자신이 둔한 소비자라면 장사에서는 성공할 수 없다.

부득이하게 업종과 관련 없어 보이는 것들이 수납공간에 들어가지 않고 밖으로 나와야 한다면 최소한 가리기라도 해야 한다. 그다음 대안이 되는 건 적어도 바닥에는 놓지 말라는 것이다. 차선책으로 팔레트 같은 것에 올려놓기라도 해야 한다. 뭔가 최소한의 노력을 했다는 것이 보여야 한다.

매출을 극대화하는 상품 구성의 비밀

다양한 제품을 구경하고 싶은 것은 고객의 당연한 욕구다. 처음 매장을 오픈할 때 상품 구성에는 다양성이 있어야 되고, 저렴한 가격을 유지하는 상품군이 있어야 좋다. 상품의 종류가 적으면 고객들은 만족감을 덜 느낀다. 많은 것들 중에서 충분히 고르고 골라서 잘 구매했다는 생각이 들지 못하는 것이다. 다른 곳에 가면 더 싸고 괜찮은 게 있지 않았을까 아쉬운 마음이 들 수 있다. 매장의 상품 구성은 매우 중요하지만 공간의 제약이 있어서 모든 걸 다 갖다 놓을 수는 없다. 그래서 **주변 상권을 살펴보고 소비자의 소득 수준에 맞춰야 한다. 너무 비싸다고 느끼거나 살 게 없다고 느끼면 낭패다.**

장사는 항상 신선해야 한다. 고객들의 눈은 아주 예민해서 작은 변화도 다 알아차린다. 처음에 오픈할 때는 현재 시점에서 유행하고 있는 인기 제품을 다양한 규격으로 준비하고 가격을 고객들이 수긍할 수 있는 수준으로 책정해서 배치한다. 그리고 나서 꾸준히 상품 구색에 변화를 조금씩 주면 고객을 늘릴 수 있다.

장사하는 집에 고객이 많은 것은 가장 행복한 일이다. 한국 소비자들의 특징은 빠른 변화인데, 항상 새로운 것, 예쁜 것, 신기한 것, 좋은 것을 바란다. 이 점을 항상 염두에 두고 장사를 해야 도태되지 않는다. 안경원처럼 특히 신제품이 많은 업종에서는 그때그때 빠르게 상품 구성을 바꿔야 한다. 이 부분을 신경쓰지 않으면 고객들의 발걸음이 언젠가는 떠날 것이다.

약간의 팁을 공개하자면 매장이 안정기에 들어갈 때를 대비해 최후의 보루는 뒤로 아껴두어야 한다. 경쟁 매장이 붙을 수도 있기 때문에 처음부터 숨겨둔 패를 다 보여주지 않는다. 고객은 한없이 요구하는 심리가 있기 때문에 아무리 좋은 제품이 많아도 한번 본 것은 다시 보지 않으려 할 것이다. 그러니까 서서히 상품 구성을 바꾸면서 변화를 지속하는 것이 현명하다.

고가, 중가, 저가의 상품 구성 원칙

상품 구성에는 특별한 원칙이 없지만 이상적인 구조는 있다. 내가 생각하는 일반적인 상품 구성 비율은 가격별로 고가, 중

가, 저가의 상품 구성을 3:3:4로 하는 것이다. 안경원에서 고가는 수입테와 10만 원 이상의 국산 고급테가 있다. 중가는 보통의 국산 제품으로 5만~8만 원 정도다. 저가는 5만 원 이하의 학생 위주로 사용하는 안경테 제품이다.

상품 구성은 상권에 따라 천지 차이로 달라질 수 있다. 사장의 성향에 따라 다르기도 하고 매장 콘셉트에 따라 다를 수도 있다. 보통은 "우리 상권은 고급 손님이 없어서"라며 고가 제품은 등한시하는 경우가 많은데, 나의 경험으로는 그건 착오다. 어느 동네든 부자들은 있다. 처음부터 자진해서 고객의 수준을 결정하고 깎아내려서 판단할 필요는 없다. 상품을 처음부터 저가로만 배치하면 장기적으로 변화를 주기 힘들다. 주변 상권이 낙후되었다 해도 미래를 보고 장사한다면 어느 정도의 고가 제품은 꼭 갖추는 걸 권한다.

일반적으로 3:3:4라고 했지만 보통은 금전적인 문제 때문에 여의치 않아 현실적으로는 1:5:4 정도나 2:4:4 정도가 많은 것 같다. 상품 구성만 봐도 그 집의 매출과 향후 비전, 사장의 마인드와 매장의 운영방식을 짐작할 수 있다. 실력 없는 사장들은 고객 수준을 탓하고 환경을 탓하면서 "우리 동네는 안 돼"라고 말한다. **반면에 장사를 잘하는 사장들의 상품 구성은 다르다. 확인해 보면 당장은 매출이 안 나오더라도 투자를 한다. 고가 손님이 없으면 만들면 된다는 것을 아는 사람이라는 걸 알 수 있다.**

처음 오픈할 때라면 몰라도 서서히 자리를 잡아가면서 상품 구성 비율은 바꿔나갈 수 있다. 매장의 콘셉트를 업그레이드할 수 있다는 건 장사의 매력 중 하나다. 매출이 올라가고 매장의 격이 올라가는 모습을 보면서 매장과 내가 함께 성장하는 느낌을 받았던 경험이 있다. 매장의 성장과 발전이 곧 나의 발전이 되었기 때문에 투자하고 변화를 준 만큼의 보람이 있었다.

그동안 내가 지킨 원칙은 3~4년 정도 지나면 매장 분위기와 함께 상품 구성을 30~40% 바꾸는 것이었다. 새로운 브랜드를 구비하고 제품의 다양성을 한 차원 높게 바꾸고, 비슷한 제품은 절대 구비하지 않는다. 지금은 100만 원 이상의 까르띠에 안경을 고급 브랜드로 구비하고 있다. 거기에 맞춰 매장 분위기와 콘셉트도 바꾸었다. 이렇게 하면 상품 구성의 변화로 매출이 상승한다. 10만 원짜리는 10개 팔아야 하지만 100만 원짜리는 한 개만 팔아도 된다. 상품 구성의 변화는 모든 면에서 도움이 된다.

대부분 변화라고 하면 매장 인테리어만 생각하는 경우가 많은데, 그러면 외적인 발전은 있어도 내적인 발전은 없다. 외적인 면과 내적인 면에서 함께 변화를 시도해야 결괏값이 올라간다. 방문 고객들의 수준이 높아지면 고가 제품을 구매할 수 있는 부자들이 방문한다. 매장의 격과 소비자의 격은 항상 비례하는데, 그때 필요한 것이 상품의 구성이다. 초보 사장이 처음부터 고가 제품의 구성을 높이면 힘이 들기 때문에 안정기에 접어들 때를 기다리는 것도 좋다.

경쟁에서 이기는 상품 구성 비율

오픈하고 3~4년 정도 지나면 처음엔 없었던 경쟁 매장이 나타나는 경우가 많다. 이때 가격이나 아이템 구성은 더욱 신경 써야 하는 부분이 된다. **경쟁에서 이기기 위해서는 점포의 규모가 1.3배 정도 크면 효과가 있다고 했는데, 가격 설정도 마찬가지다.**

가령 라이벌 점포가 어느 상품을 1,000원에 판매하고 있다면 자신의 점포에서는 770원(1,000÷1.3=770)으로 판매하면 가격 경쟁에서 이길 수 있다. 1.3배의 차이를 만들어냄으로써 소비자들은 매우 저렴하게 판매되고 있다는 느낌을 가지게 된다. 가격을 낮췄어도 자연스럽게 방문 고객 수가 늘어나면 매출액도 늘게 된다.

가격대에 차별화를 주는 방법은 2단계가 있다. 1단계는 1.3배의 차이를 만드는 것, 2단계는 1.7배의 차이를 만드는 것이다. 라이벌 가게가 1,000원이라면 1.3배 싸게 770원에 팔거나 훨씬 저렴하게 느껴지도록 1.7배인 590원(1,000÷1.7=590)에 팔 수 있다.

여기에 아이템 수로 상대를 제압할 수 있다. 가령 라이벌 점포가 다섯 종류의 안경을 광고 전단지에 게재한다면 우리 쪽에서는 일곱(5×1.3≒7) 종류 이상의 안경을 게재해 맞서는 것이다. 1.3배 법칙을 사용하면 라이벌 안경원과 차별화돼 있음을 한눈에 어필할 수 있다. 실제로는 1.3배 늘어났음에도 소비자가 느끼는 것은 그 이상이다.

상품 배치를 바꾸면 매출이 바뀐다

신상품이 계속 들어오는 옷가게, 안경원 같은 기성품 매장이 아니고 정해진 메뉴에 따라 서비스하는 식당 같은 곳은 상품 구성을 어떻게 하면 될까? 식당의 경우에는 메뉴판을 이용해서 상품을 배치하면 된다. 심리적으로 싸게 느끼게 할 목적으로 무조건 싼 가격부터 메뉴를 배치하는 경우가 많은데, 그보다는 콘셉트에 맞춰야 한다. 럭셔리한 매장인데 싼 것부터 배치하는 건 곤란하다. 매장 분위기는 잘 만들어놓고 1만 원부터 메뉴가 시작되면 안 된다. 저렴한 집인데 비싼 것부터 시작하면 그것도 곤란하다.

중요 포인트는 고객은 심리상 중간을 선택할 확률이 높다는 것이다. 1만 원, 2만 원, 3만 원이라고 해놓으면 2만 원짜리를 고르고, 3만 원, 2만 원, 1만 원이라고 해놔도 2만 원짜리 고를 확률이 높다. 다만 매장의 이미지는 달라질 것이다.

점심 메뉴와 저녁 메뉴를 달리 구성해서 전략을 짤 수도 있다. 비즈니스 미팅이 많은 어느 레스토랑에 방문했는데, 5만 원짜리 점심 세트메뉴를 한 가지만 팔고 있는 걸 보았다. 빵, 스테이크, 생선, 디저트 등으로 구성돼 있는데, "점심에는 이것만 합니다"라고 했다. 저녁 메뉴를 봤더니 와인을 곁들여서 팔고 있었다. 싼 건 7만 원부터 평균 15만 원에 비싼 건 30만 원까지였고, 테이블은 여덟 개가 있었다. 보통은 7만 원짜리 와인을 시키면 사주는 사람이 생색이 안 날 테니까 못해도 12만 원은 시킬 것 같았다. 평균 4명이 왔을 때 객단가는 1인당 8만 원으로 예상됐다. 비싸게 느껴지지 않으면서도 적절한 매출로 유도될 수 있는 좋은 구성 사례였다.

매장 콘셉트는 고객 동선으로 완성된다

상품 배치는 감각적인 것이라서 수치화해서 정확히 말하기는 어렵지만, 나는 공격적으로 하는 편이다. 학교 앞이 아니라면 고가 위주로 구성하는 것이 내 스타일이다. 사장의 성향에 따라, 동네에 따라, 투자할 자금에 따라 상품 구성은 다를 수 있다.

고가, 중가, 저가 상품을 3:3:4로 구성한다고 했지만, 이 상품들을 어떤 걸 앞에 놓고 어떤 걸 뒤에 놓느냐에 따라 동선이 달라지고 매장의 이미지와 매출도 달라진다. 그리고 직원이 고객을 어떻게 안내하느냐에 따라서도 다르다. 잘 모르는 직원들은 고객이 가는 쪽으로 따라다니지만, 잘하는 직원은 원하는 대로 몰아간다.

우리 매장에는 정면에 수입품이 있는데, 대부분 직진으로 걸어간다. 직원이 그걸 졸래졸래 따라가면 고객은 직진으로 걸어가 처음 만나는 상품인 30만 원짜리를 만나게 된다. 그때부터 이 집은 비싼 집이 된다. 그 고정관념은 잘 안 깨진다. 약 1만 장이나 되는 모든 안경테를 다 볼 수는 없기 때문에 대충 한 바퀴 훑어보고 돌고 "다음에 올게요" 하고 가버리기 십상이다. 그러면 직원은 고객에게 말을 더 많이 해야 되고 더 힘든 응대가 된다. "고객이 마음에 드는 게 없대요"라고 보고하지만 그게 전부가 아니다.

재방문한 고객은 어느 쪽을 먼저 돌아다니든 놔둬도 되지만, 처음 방문한 고객은 그렇게 하면 안 된다. 고객은 이왕이면 싸게 사고 싶다. 비싼 걸 사더라도 싸게 사고 싶다. 가장 고가가 있는 쪽으로는 45도로 막으면서 동선을 유도해야 한다. 한 끗 차이의 디테일이다. 우리 매장에서 상품은 9,900원부터 구성해놨기 때문에 동선 유도를 잘 하면 비싸다는 생각을 안 한다.

그런데 어떤 고객이냐에 따라 달라질 수는 있다. 만약 어른이고 비싼 걸 쓰던 사람이면 무조건 처음 만나는 상품을 저가로 몰면 안 된다. 처음부터 9,900원 저가 상품으로 몰았다가 "날 싸구려로 보냐" 오해할 수 있다. 직원은 고객을 잘 살피고 단숨에 파악할 수 있어야 한다. 아주 예리함이 필요한 작업이지만 거기에 따라 성패가 달라진다. 직원들이 이걸 잘 못하면 차라리 사장이 혼자 하는 매장으로 가는 것이 좋을 것이다.

계절마다 매장을 다채롭게 바꿔라

매장의 변화를 가장 간편하게 구현할 수 있는 방법은 계절의 변화를 따라가는 것이다. 일반적으로 사람들이 느끼는 계절은 자연 상태의 계절보다 1, 2개월 정도 빨리 온다고 한다. 그러니까 **매장을 운영할 때 계절의 변화를 한 발 먼저 반영하면 매력적인 매장이 될 수 있다.** 대기업에서 하는 매장 운영 콘셉트를 잘 관찰해 보면 계절별로 특징적인 운영 방향이 있다는 걸 알 수 있다.

봄(1~4월)에는 고객의 마음이 즐거워진다. 밖으로 나가고 싶은 마음이 동해서 적극적이고 충동적으로 움직이는 경향이 있다. 그래서 상품 구색은 밝고 화사한 컬러감을 가진 용품 위주로 갖추면 좋다. 매장을 개방적으로 화사한 봄 분위기 연출을 하는 것도 좋다.

여름(4~8월)에는 봄의 경향이 상승해 활동적이며 가격에 구애받지 않고 야간 외출과 만남이 많아진다. 휴일 전날 밤을 잘 이용하는 전략이 필요하다. 여름을 느낄 수 있는 발랄한 매장 분위기도 좋다.

가을(8~10월)에는 자기 자신과 가족으로 눈을 돌리며 인간적으로 변하는 계절이다. 이때 매장 분위기는 따스함과 편안함을 추구하는 것으로 한다.

겨울(10~1월)에는 기분이 강해지고 소극적이며 생활 위주의 관심이 많아져 실생활품에 대한 구매가 상대적으로 많아진다. 특가상품을 개발해서 싸게 판매하고 상품 메리트를 강하게 느낄 수 있는 방향을 잡으면 좋다. 연말연시에 따른 패밀리 상품을 판매하는 것도 도움이 된다.

이런 원칙들을 다 반영하기는 현실적으로 어려울 수도 있다. 하지만 일단 사장이 알고 있으면 하나씩 시도해 볼 수가 있다. 주위 상권의 변화를 유심히 관찰해 보면 배울 것이 있다. 치열한 경쟁 상황에 어려워하고 이익 감소로 투자를 줄이는 시기도 있겠지만, 크지 않아도 소소한 변화의 노력은 해볼 수 있을 것이다.

3월, 6월, 11월을 대비하라

우리나라는 사계절이 있는 나라다. 매장의 기본적인 상품 구성 변화는 사계절 기준이다. 상품 교체 시기는 업종마다 다르지만 사계절 위주로 변화를 준다는 것은 거의 모든 업종이 비슷하다. 특별한 계절을 타는 업종도 있긴 하지만, 사계절에 더해 한 가지를 덧붙이자면 신학기에 포커스를 맞출 수 있다.

안경원은 보통 3월을 1년의 시작으로 본다. 학생들의 입학 시즌, 즉 새로운 학기가 시작되는 시점에 학생 위주의 매장 콘셉트와 상품 구성으로 변화를 줄 수 있다.

6월부터는 서서히 선글라스 위주로 물건을 바꾸어서 여름철 성수기 매출을 준비한다. 추석을 기점으로 9월부터 안경업은 비수기로 접어든다. 이때는 도수용 안경테로 가을 분위기를 바꿀 수 있도록 한다. 추석을 기점으로 이미지 변화를 필요로 하는 고객들이 증가하기 때문에 좀 차분하면서 안정감 있는 색깔의 안경테로 상품 구성을 하는 편이다.

11월부터는 겨울 시즌의 시작이다. 특수한 겨울철 장사를 빼고 우리나라 대부분의 업종은 겨울이 비수기에 해당된다. 이때는 한 해를 마무리하는 단계이며 그해에 사입한 제품을 최대한 많이 소진하는 것이 목표가 된다. 이때는 프로모션 행사를 통해서 최대한 많은 상품이 판매될 수 있도록 노력한다. 이 시점을 잘 보내면 한 해 농사를 잘 지었다고 할 수 있다. 빨리 팔아야 되는 제품은 좋은 위치로 이동하고 직원들에게 이 점을 교육하고 판매 촉진에 나선다. 프로모션 행사는 단골 고객들에게 감사하는 마음으로 아낌없이 줄 수 있어야 한다. 1년에 한 번은 덜 남더라도 고객을 위한 진정한 세일 행사를 권장한다. 이런 마인드를 가지고 있는 사장이 별로 없기 때문에 실천한다면 돋보이는 매장이 될 수 있다.

북한에서 넘어와 냉면집을 하는 어떤 아버지가 있었다. 아들에게 장사를 전수시키는데, 그 아버지는 매월 12월마다 '냉면 50% 행사'를 했다. 아들은 "그런 거 할 필요 없어요"라고 주장했지만, 아버지는 "그래도 1년 동안 냉면을 많이 팔아준 고객들에게 보답하는 차원에서 매년 꼭 해야 된다"라고 밀어붙였다. 막상 아들은 행사를 통해 손님들의 반응, 만족도, 충성도를 경험해 보고 그 값어치를 알게 되었고, 아버지의 말을 수긍하게 되었다고 한다. 결국 프로모션은 되돌아오기 때문에 아까워할 필요가 없다.

매장의 변화는 상품 구성에도 줄 수 있지만 계절에 맞는 작은 변화를 줌으로써 효과를 줄 수 있다. 적은 돈을 들여도 계절의 변화를 느낄 수 있는 아이디어를 내면 좋다. 우리 안경원의 고객 대기실 한쪽 벽에는 액자같이 라이트 패널을 설치하여, 계절에 맞는 이미지와 좋은 시를 패널로 미리 만들어 매월 교체하면서 계절의 변화를 준다.

단골 만들기는 심리전이다

보쌈 막국수집에서 비빔밥을 시킨 손님이 있었다. 이 사람이 계란 후라이를 참 좋아하는 사람이어서 하나 더 먹고 싶어했다. "돈을 더 낼 테니까 계란후라이 하나 더 주시면 안 될까요?"라고 요청했다. 직원은 당황하는 표정이 역력했는데, "돈을 낼게요" 했더니 계란후라이를 하나 더 가지고 왔다.

한참 후에 이 사람은 같은 집에 가서 또 비빔밥을 시켰다. 그런데 이번에는 요청하지 않았는데도 사장이 계란후라이를 서비스로 하나 더 줬다. "지난번에 오셨을 때 계란후라이 하나 더 드셨는데 이번에도 하나 드세요." 그 말에 기분이 너무 좋아서 그는 며칠 후에 또 가서 비빔밥을 먹었다. 그후로는 보쌈이나 막국수나 비빔밥을 먹을 때는 다른 집에 절대 가지 않고 그 식당만

간다고 한다(시리즈 중 세 번째 '고객편'에서 2장 '장사는 설득이며 심리전이다' 참조).

장사를 잘 못하는 사람은 아까워서 덤으로 주는 걸 잘 못한다. 계란후라이 하나가 비용이 들면 얼마나 들겠나. 그것 때문에 몇 개를 더 팔 수가 있는데, '내가 왜 공짜로 줘야 돼?'라고 생각하는 순간 한국에서 장사하는 걸로는 성공하기 힘들다. 보쌈의 양도 적은 그 집에 계란후라이 하나 때문에 한 번 갈 걸 두 번 가고 손님 접대할 때도 가게 되는 마법은 작은 호의에서 시작됐다. 장사를 잘하는 사람들은 어느 업종에서건 그 안에서 덤으로 줄 수 있는 걸 잘 찾아서 실행한다. 그래서 장사는 사실 어렵지만 쉽다. 매장 관리에서 초보 사장이 알아야 할 기본은 결국엔 고객 만족이다. 계산기만 두드리다가는 기회를 놓치고 만다.

고객 만족을 위한 5가지 유형

장사의 원리는 첫째도 고객 만족, 둘째도 고객 만족이다. 그러면 어떻게 하는 것이 고객 만족일까? 여기에는 5가지 유형이 있는데, 그것이 곧 장사에 성공하는 비결이다.

첫째, 새로운 경험을 하게 해준다. 한 번도 느껴보지 못한 맛, 한 번도 본 적 없었던 비주얼, 한 번도 경험해보지 못한 체험적 시스템 등이다. 요식업계에 뷔페가 처음 등장했을 때 엄청난 신세계였다. 보통 사람들이 갖고 있던 고정관념에서 벗어나 다른 걸 경험시켜 주면 고객 만족은 이루어진다.

둘째, 관심을 주는 것이다. 단골 고객은 조금만 관심을 안 가져도 삐질 수 있다. 고객 관리는 곧 관심이다.

셋째, 마음 읽기다. 고객이 원하는 것이 무엇인지 읽어야 하는데, 홍정이 들어갈 수 있는 매장의 경우에 특히 가장 중요하다. 싸게 사기를 원하는지, 전문성을 원하는지, 가까워서 온 사람인지 파악하고 거기에 맞게 만족을 줘야 한다.

넷째, 덤 문화가 고객 만족을 준다. 이걸 잘 활용하면 고객들 만족이 높아진다. 한국만의 문화인지 모르겠지만 뭔가 한 개 더 끼워주면 사람들은 엄청 좋아한다.

다섯째, 친절이 고객 만족을 준다. 친절에도 분명 노하우가 있다. 어떻게 해야 친절하다고 느낄지 배워야 한다. 친절에는 비용이 드는 것이 아니라 투자도 필요없지만 확실한 효과가 있다.

이 5가지 고객 만족 중에 한 가지만 잘해도 충분히 매장을 잘 운영할 수 있다. 희망적인 건 5가지를 다 잘하지 않아도 된다는 것이다. 하나만 잘 이끌어내도 고객 만족은 이루어진다. 관심으로 고객 만족을 주려면 인사만 잘해도 되고, 다시 온 것을 알은척하기만 해도 그게 경쟁력이 될 수 있다. 무뚝뚝한 사람이라도 덤으로 한 개 더 주면 고객은 고마워한다. 붙임성이 없어서 자신 없다면 내가 뭘 한 개 더 줄 수 있을까 생각하면 된다. 정찰제 매장이라도 덤은 줄 수 있다. 옷집이라면 양말, 스카프 등을 줄 수 있다. 그런 건 사장이 직접 연구하고 찾아내야 한다.

화난 고객을 마니아로 만드는 법

안경원에 학생이 엄마와 함께 왔다. 넘어졌는지 안경에 기스가 났다며 한쪽 알을 바꾸려고 했다. 직원이 살펴보더니 다른 쪽 알에도 기스가 나 있어서 확인시켜 주었다. 같이 온 엄마가 깜짝 놀라면서 울상이 되었다. "우리 애가 한 지 얼마 안 됐는데"라며 근심 가득이었다. 안경렌즈는 양쪽에 7만7천 원이었는데, 이때 직원은 원론적으로 이야기를 꺼냈다. 양쪽이 다 기스가 났으니까 양쪽 다 갈아주는 것이 맞다는 것이다. 문제는 이 엄마가 예상했던 건 한쪽 렌즈에만 돈을 쓰는 것이어서 생각지 못한 돈이 추가로 들어갈 상황이라는 것이다.

직원은 한쪽 안경렌즈만 갈면 밸런스가 안 맞다고 말하고 있었는데, 사장이 교통정리를 해줘야 할 상황이라 생각해서 내가 끼어들었다. "안경 언제 하셨어요?" 손님 이야기를 들어보니 4개월이 지났다. "그러면 아이 눈인데 짝짝이 만들 수 없으니까 한쪽은 제가 해드릴게요." 그렇게 3만8,500원만 받고 양쪽 안경알을 모두 해줬다. 몇 번 왔던 사람 같아서 앞으로도 계속 와 달라고 미래에 투자한 것이다. 그 건수 하나만 친다면 원가도 못 건지고 손해를 봤지만 처음 했던 안경과 합하면 마이너스는 아니라고 생각하면 그만이었다. 그렇게 서비스로 마음을 얻으면 그

엄마는 우리 집 마니아가 될 것이다. 다음에는 선글라스도 여기서 살 수 있고 다른 가족들의 안경이 필요할 때도 오게 되고, 입소문도 낼 것이다. "내가 왜 손해를 봐? 기스 났으면 본인이 안경새로 해야지"라는 건 틀린 말은 아니지만 이미 마음에 억울함이 가득한 사람에게 감동을 줄 수는 없다.

이런 상황에서 직원은 해줄 수 있는 게 없다. 그렇지만 사장은 손 놓고 있다든지 너무 원칙론만 내세우면 안 된다. 내가 하나를 주면 얼마로 되돌아올지 아무도 모른다. **계산적으로 생각해서 "원가가 얼만데", "계란이 금값인데" 하기 시작하면 롱런하는 매장을 만들 것이라 보장할 수가 없다.**

안경원은 흥정을 하고 대화를 하기 때문에 나는 고객의 마음을 읽는 훈련을 할 수 있었다. 단순한 메뉴로 구성된 식당이나 커피숍에서 마음을 읽어내는 건 힘든 일이다. 그렇지만 식당에서 고객이 먼저 대화를 던지면 그건 읽을 수 있어야 한다. '저 사람이 계란후라이를 원해? 돈을 더 내겠다고?' 그런 상황이라면 돈을 안 받고 줄 수 있어야 한다. 음식이 맛있다고 느끼는 데에 필요한 것이 계란후라이 하나가 전부라면 못할 것도 없다. '계란을 더 먹고 싶다'는 마음을 대놓고 표현했으니 돈 안 받고 주는 걸로 대만족을 이끌어낼 수 있다. 만약 그 대목에서 계란 값을 받았다면 만족은 안 나온다. 이 부분을 잘 이해해야 한다. 자기 돈 주고 계란 더 먹었는데 만족을 느낄 리가 없다. 나만 하나 더

얹어줬다는 특별대우를 느꼈을 때 대만족이 나오는 것이다.

진짜 고객과 진상 고객은 따로 관리하라

접객은 심리전이다. 학생 엄마한테 안경렌즈 양쪽 모두 돈을 받았어도 안경은 했을 것이다. 이미 기스난 안경렌즈를 안 바꿔줄 수는 없었을 테니까. 그래도 사장 입장에서는 마음을 얻고 싶어서 '예상한 만큼만 돈을 쓰도록' 해준 것이다. 그런 마음을 자꾸 한 사람 모으고 두 사람 모으면 충성도 높은 고객이 엄청 많아진다.

안경원을 할 때 초창기에는 싸게 해주는 것으로 단골 고객을 모았다. 그러다 보니까 오래 전에 왔던 어떤 고객은 예전 가격으로 해달라는 사람이 있다. 얼마 전 8년 전에 방문했다가 다시 온 고객이 50%를 깎아 달라고 했다. 이럴 때 내가 어떤 고객은 해주고 어떤 고객은 안 해주니까 직원들이 헷갈려한다. 어떤 고객이 왔을 때는 기분 좋게 해드리고, "저 사람은 다시 안 와도 돼" 하는 고객이 있다. 판매하는 동안에도 나는 그 사람이 대화할 때의 자세와 몸동작을 다 살펴본다. "아 좀 해주시면 안 돼요" 웃으면서 애교식으로 말하면 기분좋게 "이번만 더 해드려라" 할 때도 있다. 그 사람이 계속 나와 함께하고 싶어하는 사람이라면 미래의 단골로 받아들여 원하는 걸 주는 것이다. 그런데 거만한 태도로 '안 해주면 알지' 하는 협박식이면 블랙 컨슈머로 받아들이는 것이다. 이런 사람들을 다 받아주다가 내가 과부하가 걸리면 진짜 손님에게 더 나은 서비스를 하기 힘들어진다.

몇 년 동안 우리 매장에 왔던 사람이라면 그동안 좋다고 입소문을 내고 다녔을 것이다. 그 사람이 이제 와서 "저 집 가지 말라" 소리는 하기 힘들다. 그의 주변 사람들도 이미 우리 집을 경험해봐서 어떤 곳인지 알 것이기 때문이다. 다만 우리 매장에 처음 방문한 고객이라면 처음부터 잘라내면 안 된다. 부정적인 말을 주변에 퍼뜨릴 수 있기 때문에 그 점을 조심하는 것이다.

매장이 일정 궤도에 올랐다면 그때부터는 거만한 진상손님은 배제하고 진짜 고마워하는 사람들에게만 서비스할 수 있는 환경을 만들어가도 되지 않을까 싶다.

매장 관리와 운영을 위한 체크리스트

장사는 매일 하루를 충실히 쌓아가는 것이다. 매일 같은 시간에 문을 열고 닫는 것, 그리고 고객을 응대하는 것이 반복된다. 접객을 하기 위해서는 매일 루틴으로 매장을 필요한 상태로 세팅해야 한다.

때로는 접객에 어려움이 있을 때도 있지만 평정심을 유지하려면 사장과 직원은 꾸준히 성실하게 준비해야 한다. 꾸준함이 힘이 되고 습관이 되면 평정심을 유지할 수 있다. 같은 패턴으로 성실함과 꾸준함을 유지하기 위해 체크리스트를 작성해놓으면 좋다. 여기에 안경원의 매장 관리 체크리스트를 공유한다. 각자 매장에 맞춰 준비해놓으면 좋을 것이다.

※ 안경원, 안경사 체크리스트

1. 개인 체크리스트 정리

항목	분류	체크리스트	평가
출퇴근	출근	1. 최소 10분 전에 도착하였는가?	
		2. 복장, 머리, 얼굴, 구두를 체크하였는가?	
		3. 각자 맡은 파트의 정리정돈을 하였는가?	
		4. 아침 회의를 참석하였는가?	
		5. 전날 메모해둔 오늘의 할 일을 잊지 않았는가?(주간, 월간 계획)	
		6. 검안기기, 가공기기, 전등 전원 켜기	
	담배 식사	1. 안경원 밖 지정 장소에서 담배를 피우는가?	
		2. 담배를 핀 후 양치 또는 가글을 하였는가?	
		3. 매장에 할 일이 없을 때 태웠는가?	
		4. 되도록 한 명씩 식사를 하였는가?	
	퇴근	1. 정해진 근무시간 후 퇴근하였는가?	
		2. 간단한 정리정돈을 하였는가?	
		3. 여벌렌즈 주문, RX렌즈 주문, 콘택트렌즈 주문, 안경테 주문을 다시 한 번 확인하였는가?	
		4. 옥습기, 오폐수처리기 청소를 하였는가?(월, 수, 금)	
		5. 매장 핸드폰, 아이패드(3대)를 충전하였는가?	
		6. 그날의 업무(또는 고객)에 관해 피드백 또는 공유를 하였는가?	
		7. (내일 휴무자에 해당)인수인계할 사항을 동료에게 전달하였는가?	
		8. 보안, 문단속, 전등이 켜진 곳이 있는지 확인하였는가?(1층 자동문, 2층, 3층도 같이 확인)	

2. (근무 전) 개인 체크리스트 상세

항목	분류	체크리스트	평가
용모복장	두발상태	1. 청결하게 손질이 잘 되었는가?	
		2. 앞머리가 눈을 가리지는 않았는가?	
		3. 복장과 어울리는가?	
		4. (여직원)머리핀이 너무 화려하지 않은가?	
		5. 머리는 단정하게 묶었는가?	
		6. 헤어젤 등을 지나치게 사용하지 않았는가?	
		7. 염색을 지나치게 하지 않았는가?	
	얼굴	1. 콧수염이 노출되지 않았는가?	
		2. 화장이 너무 진하지 않은가?	
		3. 눈이 충혈되지 않았는가?	
		4. 청결하고 건강한 느낌을 주는가?	
		5. 구강 상태는 청결한가?	
	복장	1. 셔츠, 유니폼(가운)이 구겨지거나 이물질이 묻지는 않았는가?	
		2. 다림질은 잘 되었는가?	
		3. 소매 끝은 청결한가?	
		4. 넥타이의 위치는 적당한가?	
		5. 스타킹 색은 너무 화려하지 않은가?	
		6. 명찰은 제대로 착용하였는가?	
		7. 유니폼(가운) 바깥으로 보이는 복장은 청결한가?	
	구두	1. 검정 계통의 구두를 신고 있는가?	
		2. 구두는 잘 닦여 있는가?	
		3. 단정한 신발을 신고 있는가?	
		4. 노출되는 양말은 깨끗한가?	

	손	1. 손톱 길이는 적당한가?	
		2. 손톱에 이물질이 있지는 않은가?	
		3. 매니큐어 등이 지나치게 화려하지 않은가?	

3. (근무 중) 고객 응대 체크리스트

항목	분류	체크리스트	평가
인사	표정	1. 밝은 미소로 고객을 응대하는가?	
		2. 아이 컨택(eye contact)은 잘하는가?	
		3. 눈썹 사용을 유연하게 잘하는가?	
	자세	1. 고객과 눈을 마주치면 인사를 잘 하는가?	
		2. 고개만 까딱이는 인사를 하지 않는가?	
		3. 인사하면서 한 발짝 가볍게 다가서는가?	
	화법	1. 맞이 인사법은 숙지하고 있는가? (① 반갑습니다. 아이데코입니다. → ② 안녕하세요. → ③ 무엇을 도와드릴까요? → ④ 예약하셨어요?)	
		2. 목소리 톤과 크기는 적절한가?	
		3. 계절 인사, 날씨 인사 등은 적절히 사용하는가?	
		4. 배웅 인사법은 숙지하고 있는가? (① 감사합니다. ② 주위 분들에게 소개 많이 부탁드립니다. ③ 다음에는 꼭 예약하고 오세요.)	
자세	대기	1. 출입문을 잘 응시하고 있는가?	
		2. 공수 자세를 취하고 있는가?(뒷짐 금지)	
		3. 언제든 고객을 맞이할 준비가 되어 있는가?	
		4. 매장 내 사각이 발생하지 않도록 적절한 이동을 하고 있는가?	
	응대	1. 고객이 들어오면 번호표를 뽑으라고 안내하였는가?	
		2. 고객 응대시 적정거리(90cm)를 유지하고 있는가?	
		3. 고객 동선을 최적화하기 위한 손짓 안내를 잘하고 있는가?	

항목	분류	체크리스트	평가
고객응대	대화	1. 고객에 대한 호칭(용어) 등이 적절한가?	
		2. 칭찬 화법은 잘 사용하는가?	
		3. 말의 속도 및 억양은 적당한가?	
		4. 123화법, 쿠션화법, 레어드화법, 신뢰화법 등의 호감화법을 잘 사용하고 있는가?	
		5. 고객과의 대화 때 맞장구는 잘하는가?	
	전화	1. 밝은 목소리로 전화응대를 하는가?	
		2. 3번 이상 벨이 울리기 전에 전화를 받는가?	
		3. 전화기는 왼손으로, 오른손으로는 메모 준비 또는 고객관리프로그램 검색 준비를 하였는가?	
		4. 전화로 내용 전달은 잘하는가?	
		5. 고객이 전화를 끊은 후 전화기를 내려놓는가?	
		6. 복창통화를 통해 고객과의 중요한 내용을 상기하게 하는가?	
	계산	1. 고객 앞에서 구매한 물건과 금액을 다시 한번 확인하였는가?	
		2. 고객의 물건을 소중히 다루는가?	
		3. 고객 쿠폰을 증정하였는가?	
		4. 네이버 리뷰 이벤트를 안내 하였는가?	

- ◆ 123화법 : 1번 말하고, 2번 들어주고, 3번 맞장구를 쳐라.
- ◆ 쿠션화법 : 딱딱한 말을 쿠션처럼 부드럽게 전달하는 대화 스킬 (괜찮으시다면, 죄송하지만)
- ◆ 레어드화법 : 명령하지 않고 청유(의뢰)하는 화법 / 이렇게 해 ··· 부탁해도 될까요?
- ◆ 신뢰화법 : 상대방에게 신뢰감을 줄 수 있는 대화(어미의 선택), 다까체 70%, + 요조체 30%

4. (근무 중) 안경원 내부 체크리스트

항목	분류	체크리스트	평가
안경원 점검	안경테 진열	1. 안경테의 진열 상태와 청결 상태는 완벽한가?	
		2. 빠진 안경테를 확인하고 채워 넣었는가?	
		3. 판매화법, 콘셉트, 동선에 적합하게 진열되어 있는가?	
		4. 고객이 보기 편하게 진열되어 있는가? (사선 진열, 90도 진열, 세우기 진열은 가급적 최소화)	
		5. 고객이 편한 위치에 거울이 비치되어 있는가?	
		6. 비치된 거울에 얼룩이 있지 않은가?	
		7. 데모 렌즈는 깨끗하게 닦여 있는가?	
		8. 안경테 및 코 받침은 청결한가?	
	콘택트렌즈	1. 렌즈실의 정리정돈, 청결 상태가 완벽한가?	
		2. 병렌즈, 팩렌즈와 진열장의 먼지는 제거되었는가?	
		3. 깨끗한 수건 또는 티슈가 비치되어 있는가?	
		4. 렌즈실에 따뜻한 물은 나오는가?	
		5. 렌즈와 관련된 설명서가 제대로 노출되어 있는가?	
	조제실	1. 금일 주문할 렌즈가 잘 정리되어 있는가?	
		2. A/S등 장부는 잘 정리되어 있는가?	
		3. 옥습기, 오폐수처리기 등 조제 관련 기기의 작동, 청결 상태는 완벽한가?(오폐수처리기 청소 : 월, 수, 금)	
	검안실	1. 검안 장비의 청결 상태는 완벽한가? (AR, 포롭터, 유니트, 미러차트, 시험테, 시험렌즈 등)	
		2. 감염 예방을 위해 검안 전 알콜 클리너로 소독을 실시하는가?	
		3. 검안실에 안경렌즈 등의 정보는 고객들이 보기 편하게 부착되어 있는가?	
		4. 안경렌즈 가격표는 잘 정리되어 있는가?	
		5. 검안장비는 잘 작동하고 있는가?	

5. (근무 중) 안경원 외부 체크리스트

항목	분류	체크리스트	평가
광고	부착물	1. POP 등은 계절에 맞게 부착되어 있는가?	
		2. 전략 제품에 대한 POP가 부착되어 있는가?	
		3. 현수막은 마케팅에 도움이 되는 내용으로 부착되어 있는가?	
		4. 고객의 호기심을 유발하는 POP, 자료 등이 잘 비치되어 있는가?	
고객공간	휴게실	1. 휴게실의 청결 상태는 완벽한가?	
		2. 신문, 잡지 등은 잘 비치되어 있는가?	
		3. 커피, 차 등과 종이컵은 잘 비치되어 있는가?	
		4. 커피자판기는 잘 작동하고 깨끗하게 유지되고 있는가?	
		5. 휴지통은 깨끗하게 유지되고 있는가?	
	화장실	1. 화장실은 청결한가?	
		2. 휴지, 수건 등은 잘 비치되어 있는가?	
		3. 휴지통은 항상 청결을 유지하고 있는가?	
		4. 세면대는 물기 없이 유지되고 있는가?	
		5. 방향제는 잘 작동하고 있는가?	
매장관찰	내부	1. 진열장, 유리, 거울에는 얼룩 등 이물질이 없는가?	
		2. 계산대, 렌즈장 위, 피팅 테이블의 정리 정돈이 잘 되어 있는가?	
		3. 고객의 이동 동선이 청결하게 유지되고 있는가?	
	외부	1. 현수막, 홍보물, POP 등은 잘 게재되어 있는가?	
		2. 간판, 알루미늄 샤시 등의 청결 상태는 완벽한가?	
		3. 매장 주변의 청소상태는 완벽한가?(매장 앞, 주차장)	
		4. 매장 밖에서 볼 때 내부 상황이 눈에 거슬리는 부분은 없는가?	
		5. (겨울)눈이 왔을 때 눈은 적절하게 치웠는가?	

6. 안경원 운영 체크리스트

항목	분류	체크리스트	평가
안경원관리	원장 또는 책임안경사	1. 아침에 전달할 사항은 잘 전달하였는가?	
		2. 전일 판매결과에 대해 직원들과 충분한 토의를 하였는가?	
		3. 당일 연락할 고객에 대한 확인을 하였는가?	
		4. 당일 주문사항에 대한 확인을 하였는가?	
		5. 고객관리를 위한 자료를 보고받았는가?	
		6. 당일 협력업체의 방문에 대한 보고를 받았는가(보고하였는가)?	
		7. 전일 사입한 제품이 있다면 그 결과에 대한 보고를 받았는가(보고하였는가)?	
		8. 지각한 직원에 대한 충분한 조치를 하였는가?	
	안경사	1. 제휴카드, 무이자할부카드 등에 대한 정보를 숙지하고 있는가?	
		2. 집중적으로 판매해야 할 제품들의 정보는 충분히 숙지하고 있는가?	
		3. 자신이 부족한 부분의 보완을 위해 노력하고 있는가?	
		4. 협력업체 또는 본부의 전달사항에 대해 충실히 전달하고 있는가?	
		5. 전날 부족했던 점이나 실수한 점에 대해 충분히 검토하고 보완하였는가?	

3분 요약 체크-Chapter.4 재방문을 부르는 매장관리 법칙

◎ 왠지 들어가보고 싶은 매장의 특징. 안정적인 매출을 항상 유지하려면 매장은 일정 수준으로 관리가 잘 돼야 하고, 그게 가능하려면 몇 가지 원칙을 가지고 있는 것이 좋다. 첫째, 청결은 빠질 수 없는 조건이다. 둘째, 매장관리를 위해 계속 변화를 주어야 한다. 셋째, 홍보비를 매달 책정해 놓아야 한다.

◎ 음식점이 아니어도 청결하게. 지금은 시대가 많이 바뀌어서 매장이 지저분한 걸 사람들이 봐주지 않는다. 그래서 음식점이든 아니든 청결은 매장관리에서 아주 중요한 요소다. 청결은 완벽하게 사장의 눈으로 체크해야 하고 직원에게 알아서 하라고 맡길 일은 아니다. 화장실만 봐도 충분히 그 가게의 수준을 볼 수 있으므로 매장에 변화를 주고 싶다면 화장실만 바꿔도 효과를 볼 수 있다. 또한 인테리어를 할 때는 처음부터 수납공간을 많이 만들어 달라고 해야 한다. 나중에 실제 써보면 그래도 수납공간은 여전히 모자란다.

◎ 매출을 극대화하는 상품 구성의 비밀. 다양한 제품을 구경하고 싶은 것은 고객의 당연한 욕구다. 상품의 종류가 적으면 고객들은 만족감을 덜 느낀다. 일반적인 상품 구성 비율은 가격별로 고가, 중가, 저가의 상품 구성을 3:3:4로 하는 것을 추천한다. 또한 3~4년 정도 지나면 매장 분위기와 함께 상품 구성을 30~40% 바꿔야 한다. 라이벌 점포보다 가격이나 아이템 수가 1.3배 저렴하거나 수량이 많다면 차별화돼 있음을 한눈에 어필할 수 있다. 실제로는 1.3배 차이이지만 소비자가 느끼는 것은 그 이상이다.

◎ 상품 배치를 바꾸면 매출이 바뀐다. 상품을 배치할 때 심리적으로 싸게 느끼게 할 목적으로 무조건 싼 가격부터 배치하는 경우가 많은데, 그보다는 콘셉트에 맞춰야 한다. 신상품이 계속 들어오는 옷가게, 안경원 같은 기성품 매장이 아니고 정해진 메뉴에 따라 서비스하는 식당 같은 곳은 메뉴판을 이용해서 상품을 배치하면 된다. 또한 점심 메뉴와 저녁 메뉴를 달리 구성해서 전략을 짤 수도 있다.

◎ 계절마다 매장을 다채롭게 바꿔라. 매장의 변화를 가장 간편하게 구현할 수 있는 방법은 계절의 변화를 따라가는 것이다. 매장을 운영할 때 계절의 변화를 한 발 먼저 반영하면 매력적인 매장이 될 수 있다. 업종에 따라 사계절을 기준으로 성수기와 비수기를 나누고, 만약 비수기에 프로모션 행사를 한다면 단골고객들에게 감사하는 마음으로 아낌없이 줄 수 있어야 한다.

◎ 단골 만들기는 심리전이다. 장사를 잘하는 사람들은 어느 업종에서건 그 안에서 덤으로 줄 수 있는 걸 잘 찾아서 실행한다. 초보 사장이 알아야 할 기본은 결국엔 고객 만족이다. 고객만족을 위해서는 첫째, 새로운 경험을 하게 해주고, 둘째, 관심을 주고 셋째, 고객 마음을 읽고, 넷째, 덤으로 주고, 다섯째, 친절해야 한다. 이 5가지 고객 만족 중에 한 가지만 잘해도 충분히 매장을 잘 운영할 수 있다.

◎ 매장 관리와 운영을 위한 체크리스트. 장사는 매일 하루를 충실히 쌓아가는 것이다. 매일 같은 시간에 문을 열고 닫는 것, 그리고 고객을 응대하는 것이 반복된다. 접객을 하기 위해서는 매일 루틴으로 매장을 필요한 상태로 세팅해야 한다. 같은 패턴으로 성실함과 꾸준함을 유지하기 위해 체크리스트를 작성해 놓으면 좋다.

내가 심은 나무는
내가 주는 물을
먹고 자란다

The tree I planted grow up as water I give.

Chapter. 5

매장에서 오가는 대화의 법칙

- 장사꾼은 연기자가 돼야 한다
- 고객은 처음부터 마음을 열지 않는다
- 고객 응대의 핵심은 신뢰 쌓기
- 설명보다 질문을 하라

장사꾼은 연기자가 돼야 한다

단골을 꾸준히 늘리고 장사를 일정 수준으로 유지하기 위해서는 매장관리를 잘 해야 하는데, 청결, 변화, 접객의 3가지는 일정 수준을 유지하고 있어야 한다.

장사는 어차피 사장이나 직원과 손님의 대면이다. 직원은 서너 명, 많아봤자 대체로 10명 정도의 사람일 것이다. 특히 동네 장사는 지나치게 정중해서 부담감을 주는 접객을 피하는 것이 좋다. 약간의 인간미와 사람 사는 맛이 나는 정도가 적당하다. 어려울 수도 있지만 **부담감을 내려놓고 친구 같고 삼촌 같고 동생 같고 엄마 같은 모습을 보여주면 된다.**

요새는 장사꾼이 물건만 팔면 된다고 생각하는 젊은 사장이 많은데, 그래서는 곤란하다. 싫어도 싫은 내색을 덜 하고 속마음을 안 들켜야 한다. 조금만 좋으면 헤헤거리다가 조금만 싫으면 인상이 구겨진다면 고객들도 기분이 상한다. 장사꾼은 어느 정도는 연기를 할 수 있어야 한다. 점점 이걸 어려워하는 젊은 사람들이 늘어나는데, 조금만 다르게 생각해보면 좋겠다. '물건만 팔면 되지, 내가 왜 저 사람 기분까지 맞춰야 돼?'라고 생각할 수 있는데, 고객 입장에서 생각해보면 그렇지 않다. 배려받는 느낌을 받을 수 없다면 온라인으로 구매하거나 기계가 일을 대체하면 그만이다. 장사는 아무나 못한다는 말은 그래서 나오는 것이다.

사실 이 대목에서는 직원 교육도 중요하다. 접객의 첫 대면은 인사인데 기어들어가는 목소리로 인사하면 연습부터 시켜야 한다. 인사를 잘 하는 것에도 배움은 필요하다. 일단 목소리가 들려야 고객들도 직원에게 원하는 걸 물어보거나 요청할 마음이 생긴다. 친척이 집에 방문했을 때나 오랜만에 친한 친구를 만났을 때 내 목소리가 어떻게 나오는지 상상해보면 힌트가 될 것이다. 방방 뛰는 것까지는 아니더라도 반가운 기색을 보여줘야 한다. 그게 안 된다면 장사를 그만두는 게 낫지 않을까.

동네 장사는 사람 사는 맛이다

매장 컨설팅을 해줄 때 동네마다 고객 접객을 달리해야 하는

지 묻는 사람이 있었다. 그러나 고객 접객은 크게 달라질 게 없다고 생각한다. **소득 수준이 낮은 동네에서 저렴한 물품을 판다고 해서 접객을 대충 하면 안 된다. 매장 콘셉트에는 차이가 있을 수 있지만 접객은 이런 동네에서 더 어려울 수 있다.** 장사의 내공이 부족한 사람은 부자에게는 아부를 잘하고 빈자에게는 대충 대하는 경우도 있다. 그러나 잘못하면 "내가 옷을 이렇게 입고 왔다고 해서 손님 무시하냐"라고 소리를 지르는 사람의 화를 가라앉히느라 고생할 수 있다. 소문은 빠르게 나빠질 것이고 매장 관리에도 좋을 것이 없다.

부자 손님들은 어딜 가도 대우받기 때문에 왕처럼 모셔주어도 그리 큰 감흥이 없다. 오히려 마음에 여유가 있는 부자들의 경우에는 잘 못해도 이해해주기도 한다. 반면 소득 수준이 낮은 동네에서 고객을 왕처럼 모셔주면 효과는 더 좋다. 조금만 잘 해줘도 아주 좋아하고 고마워한다. 결국 장사하는 사람은 없는 사람에게 더 잘해야 한다. 인구통계상으로도 부자 인구보다 못 사는 사람이 더 많다. 겉모습을 보고 판단하지 말고 허름하게 입은 사람일수록 잘 해주려고 하면 차려입지 않은 부자 할머니에게 실수하는 일도 방지할 수 있다.

특히 아이들에게 반말하면서 편하게 대하면 절대 안 된다. 친근함을 표현한다면서 중고등학생에게 반말하면서 농담을 하는 경우도 있는데, 상대 입장에서는 친근감으로 받아들이지 않을 수도 있다. 오해의 소지가 있는 행동은 애초에 차단하는 것이 현명하다. 결론은 사람을 가리지 않고 어느 고객이든 다 잘해주면 된다는 것이다. 그게 잘 안 된다는 것이 문제일 뿐이다.

이런 점 때문에라도 **초보 사장은 매장을 비우면 안 된다**. 사장이 계속 직원에게 이야기하겠지만, 직원도 사람인지라 짜증이 날 수 있기 때문에 계속 친절하기는 힘들다. 사장이 있어야 눈치라도 한 번 보고 자제할 수 있을 것이다. CS(고객만족) 강사를 초빙해 교육해보면 "입꼬리를 올리세요"라고 훈련시킨다. 그런데 자기 몸이 피곤하면 그러기가 힘들다. 얼굴 근육은 떨리고 다리가 아프면 그런 말은 기억이 안 난다. 90도 인사를 안 하고 편하게 대하더라도 말 표현에 조심하고 인간적으로 매너를 지키면 될 것이다. 접객이 힘든 직원에겐 '싸가지 없는 건 안 된다'만 지켜도 유효하다.

스토어와 샵은 판매의 기술이 다르다

장사하는 매장은 공산품을 파는 스토어(store)냐, 서비스나 제조를 더해서 파는 샵(shop)이냐에 따라 판매의 기술이 달라질 수 있다.

슈퍼마켓, 편의점 등 공산품을 파는 스토어는 3가지만 있으면 된다. 보이는 물건을 팔기 때문에 장소(Place), 가격(Price), 제품(Product)의 3P만 있으면 된다. 그런데 서비스를 파는 샵은 물건도 팔고 서비스도 팔아야 한다. 커피샵, 네일샵 등은 사람을 응대하는 곳이다. 마음을 얻어야 하기 때문에 친절해야 하고 그래서 더 어렵다. 스토어는 바로 물건을 사가는 곳이지만 샵은 사람 대 사람이 관계한다. **사람의 마음을 잘 이해하지 못하면 샵 운영은 잘 안 된다.**

'커피샵은 커피만 팔면 되지'라고 생각할 수 있는데 샵은 영어에 내포된 의미부터 다르다. 인력이 들어가서 서비스가 더해져야 하는 곳은 샵이라고 한다. 커피샵, 네일샵, 바버샵(이발소) 등이 모두 그렇다. 고객의 마음을 잘 읽는 샵의 주인은 잘되는 매장을 만들 수 있다. 그걸 잘 못하겠으면 스토어로 장사하는 게 낫다.

심지어 공산품을 파는 스토어인데도 친절이 장착되면 경쟁에서 살아남을 수 있다. 지인 중에 자신이 사는 아파트 단지의 상가 이야기를 한 적이 있다. 그 단지 안에는 마트가 3개, 편의점이 2개가 있다. GS슈퍼, 홈플러스슈퍼, 롯데슈퍼, 조금 큰 편의점과 작은 편의점이 있다. 큰 편의점과 마트들은 큰 상가에 있고 주차를 할 수 있으며 큰 대로변에 있어서 접근성이 좋다. 그는 아내와 장을 볼 때는 큰 상가에 있는 마트를 가지만, 그 외에는 작은 편의점으로 가서 필요한 물건을 산다고 했다. 주차하기도 어려운 작은 편의점에 왜 굳이 가느냐고 물었더니 "저쪽 큰 편의점은 알바가 근무해서 가도 그만 안 가도 그만이지만, 작은 편의점은 사장님이 항상 있어서 엄청 친절하다"라는 것이다. 물건이 많은 것도 아닌데 같이 가보니 정말 친절함이 눈에 보여서 "단골 삼을 만하다"고 말해주었다.

스토어를 성공시키는 요인은 3P인데, 조그맣고 위치 불편한 데다 물건이 많은 것도 아닌 편의점이 고객을 끌어들이는 것은 사장이 마음을 움직이기 때문이다. 마음을 모르고 장사를 하는 사람은 실패할 확률이 높고 롱런을 못한다. 정말 단순하게 사람들은 장사란 물건을 파는 것이라고 생각하는데, 진짜 선수는 물건만 파는 게 아니라 마음을 읽어준다. 그걸 잘하면 다른 부분이 좀 부족해도 손님들이 도와준다. 대부분의 사람들은 도움을 주고 싶어하는 측은지심이 있다. 그 부분을 충족하지 못하면 우리 집보다 큰 경쟁업체로 사람들이 쏠릴 것이다.

아무리 자리가 좋아도 사람을 보지 못하면 크고 깨끗해도 투자 대비 효과를 온전히 얻을 수 없다. 그래서 장사는 사장의 역할이 중요한 것이다. 직원은 시키는 매뉴얼대로 할 뿐, 정성 들여 친절하기를 기대하기 힘들다. 매뉴얼에는 마음이 들어가지 않는다. 그 편의점의 단골들은 어쩌면 대화할 사람이 필요해서 그곳에 가는 것일 수도 있다.

신도시에서 규모의 논리가 먹히지 않고 잘 버티는 작은 가게들이 있다. 큰 매장이 들어와도 그런 곳은 잘 버틴다. 신도시에 매장을 오픈하려면 자금을 많이 들여서 크게 해야만 승산이 있다고 생각하는 것이 보통이다. 그러나 친절과 실력을 장착하면 자리를 잡고 롱런할 수 있다. 사람들은 실력에 대해서는 호불호가 갈리고 잘 모르는 경우도 있다. 예를 들어 맛있는지 아닌지는 개인에 따라 의견이 다를 수 있다. 그러나 친절함에 대한 판단은 누구나 같다.

고객은 처음부터 마음을 열지 않는다

매장이 잘 되려면 고객과의 대화가 잘 돼야 한다. 고객은 사장도 모르고 직원도 모르고 어떤 제품이 있는지도 모른 채 오직 매장만 보고 들어온다. 간판, 인테리어 등 외관을 보고 들어왔을 때 '이곳은 어떤 곳이지? 이곳은 이런 곳인가?'라고 상상해보는 고객의 기대감이 있다. 고객의 심리는 기본적으로 좋은 것을 싸게 사고 싶은 마음이 기본이다. 그러면 일단 매장에 들어왔다가 제품이나 서비스를 경험하고 나갈 때 '좋은 것'이라는 기대감이 충족돼야 한다.

얼마 전 직원 교육 시간에 진상 손님과 안경사의 설정으로 롤플레잉을 해보았다. 가장 경력이 많은 30년차 안경사를 직원으로 하고 10년차 안경사를 손님으로 앉혀 롤플레잉을 했다. 손님은 다초점렌즈를 처음으로 써보려는 사람인데 우리 매장에 상담을 받으러왔다는 설정이었다. 나머지 직원들은 그걸 보고 느낀 점을 써내기로 했다.

5분 정도 했는데 매뉴얼대로 무난한 응대를 했다. 직원들은 대체로 '잘하고 있다'는 소감을 이야기했다. 그런데 내가 봤을 때는 잘한 게 없는 것 같았다. "못한 것도 없지만 잘한 것도 없다"는 게 내 소감이었다. 이 사람의 응대와 설명은 대한민국에서 10년차 경력만 지나면 누구나 다 할 수 있는 것으로 대화법이 똑같았다. 그렇다면 고객의 관점에서는 어떤 생각이 들까? '딴 데랑 똑같잖아. 별것 없네'라고 생각할 것이다. 아무리 매장이 크고 인테리어도 잘 해놓고 시설과 기계도 최신식으로 들여놔도 직원이 동일한 응대를 하는 순간 그 매장은 작고 오래된 공간과 동일화된다. 고객이 매장의 외관을 보고 기대했던 것들이 싹 사라지는 것이다.

직원이 응대하는 말 한 마디 멘트에 따라서 매장의 값어치는 달라진다. 고객 입장에서 생각해보면 어느 안경원이든 같은 책자가 있고 같은 설명을 들을 수 있다면 이 매장의 차별화는 없는 것이다. 그러나 다른 데서는 볼 수 없었던 대화법으로 멘트를 던지는 곳이라면 '안경원을 많이 다녀봤는데 여기는 뭔가 다르네' 하고 매장에 대한 인식이 바뀐다. 동네 10평짜리 매장의 안경사가 말하는 멘트와 이런 큰 매장에 왔을 때 하는 멘트가 같다면,

굳이 멀리 와서 안경을 맞출 필요가 없다고 느낄 것이다. 고객은 인테리어가 좋다고 해서 이득을 보는 건 없다. 결국 고객은 자신에게 이득이 되는지가 가장 중요하다.

고객을 파악하려는 능동성을 장착하라

고객을 응대할 때 제품 설명을 하는 것도 필요하겠지만 나라면 설명은 간단히 하고 기다릴 것이다. 요즘 고객들은 똑똑해서 사전에 조사를 다 하고 온다. 옛날에는 정보가 없어서 상담하는 사람의 말을 귀담아들었지만 요즘엔 다 조사해보고 지식을 가지고 온다. 매장 직원이 계속 설명해봐야 뚱한 상태로 있을 것이다.

매장을 특별하게 만드는 대화법은 질문을 하는 것이다. 예를 들면, "다초점렌즈 검색해보셨어요?" "왜 끼려고 하세요?" 같은 것이다. 그런데 고객이 탐색을 위해 던지는 "이거 얼마예요?" 같은 질문에 답변만 하고 있는 상황이라면 주도권은 고객에게 있는 것이다. 그런 수동적인 대응이 아니라 먼저 질문을 던지며 고객을 파악하려는 능동적인 대응을 해야 한다.

고객은 처음부터 마음을 열지 않는다. 혹시라도 바가지 쓸까 봐 그들도 긴장하고 있다. 문을 닫고 있는 고객에게 계속 질문을 던져봄으로써 마음을 엿볼 수 있다. 돌직구를 던져보기도 하고 헛다리 짚는 질문도 상관없으니까 계속 질문을 던져보는 것이다. 규모가 큰 매장에 들어온 고객이 물건의 종류가 많은 건 당연히 알 것이다. 뻔히 알 법한 매장의 정보를 늘어놓기보다는 질문을 통해서 이 사람이 얼마의 예산을 생각하고 왔고, 어떤 성격이고, 검색을 해보고 왔는지 모른 채로 왔는지, 비싼 걸 사도 될 사람인지 아닌지 빨리 파악해야 한다. 그래야 매장의 특별함을 느끼고 매매가 체결될 확률이 올라간다.

업종마다 다르겠지만 손님은 가격도 중요시하지만 실력을 더 우선시한다. 한 마디로 제품력이다. 음식점에 갈 때 사람들은 '이 집이 맛있을까? 잘할까?' 생각한다. 그 다음에 가격이 적당한지를 본다. 이건 뭘 사러 가든 똑같다. 매장에 들어오면 그곳이 잘하는 집인지 아닌지는 고객이 평가한다. 직원이 아무리 좋다고 얘기해봤자 고객은 다 살피고 판단한다. 이때 직원이 가격만 얘기하고 있으면 고객 입장에서는 구매를 결정할 정보가 충분치 않은 것이다.

그보다는 "다초점렌즈는 저희 집에서 한 달에 300명 정도 맞추는데 다들 만족하세요"라고 걱정 말라 안심을 시켜준다든지, 이미 다초점렌즈를 써본 경험이 있는 고객이라면 "이번에 새로운 기계가 들어왔는데 0.01mm까지 아주 정확하게 잡아줘서 만족도가 아주 높습니다"라든지, 좀 더 정밀한 정보를 제공하는 게 더 중요하다. 이런 시설에 대해서 자랑하면 매장의 값어치가 더 올라간다. 다른 곳에는 없는 것을 어필해야 한다. 그게 아니라 고객이 궁금해서 질문한 것에 대답만 하니까 "잘 알았습니다. 다음에 올게요" 하고 고객은 돌아서는 것이다. 거기다 대고 직원은 또 "안녕히 가십시오" 90도로 인사한다. 그런데 그렇게 나간 손님은 돌아오는 법이 거의 없다. 간혹 다시 올 때도 있지만 그런 경우는 다른 곳에 다 다녀보고 오는 경우로 운이 좋아서 걸리는 것이다.

고객을 응대하는 상담능력에 따라서 매출은 달라지는데, 그걸 하지 못하면 아무리 돈을 많이 들여서 매장을 근사하게 해놓는다 해도 진짜 차별화는 될 수 없다. **매장의 이미지에는 사장의 철학, 매장의 콘셉트가 들어가 있으며, 이것은 고객과의 대화에서도 드러나게 마련이다.**

고객 응대의 핵심은 신뢰 쌓기

사람을 설득할 때 "산꼭대기에서 데리고 내려와라"라는 법칙이 있다. **대부분의 매장에는 비싼 제품도 있고 싼 제품도 있지만 항상 비싼 것만 팔 수는 없다.** 여행이나 출장을 가서 처음 가보는 음식점에 들어갔다면, 응대하러 온 직원에게 "이 집은 뭐가 제일 맛있어요?" 물어볼 것이다. 가격은 상중하가 있을 텐데 직원이 평상시에 교육을 안 받았다면 가장 비싼 걸 말할 것이다. 30만 원, 20만 원, 10만 원짜리가 있다면 30만 원짜리를 권하면서 "이게 제일 맛있어요" 하는 것이다.

반면에 "이 정도만 해도 충분히 맛있어요. 이게 제일 잘 나갑니다. 가격 대비 가장 좋습니다" 하고 20만 원짜리를 권하면, 고객 입장에서는 어떤 느낌이 들까? '비싼 걸 굳이 권하지 않네'라는 점에 주목되면서 이 집의 철학이 느껴진다. '이 집은 매출을 올리려고 강매하지 않는구나'라고 받아들인다. 양심 판매를 은연중에 느끼면서 이 매장에 대한 이미지가 형성된다. 직원 교육이 제대로 이뤄졌다면 이 부분은 잘 지켜질 것이고, 다음에 또 올 수 있는 매장이 된다. 아니면 다른 걸 추가로 시켜먹을 수도 있다.

가전제품 매장 중에도 장사 잘하는 곳에 가면 비싼 걸 막 권하지 않는다. 팔고는 싶지만 한 템포 쉬는 것이다. "이것만 해도 충분히 쓰실 거예요"라는 대화법으로 직원을 교육시킨다. 제일 비싼 건 옵션으로 구색을 맞춰놓긴 하지만, 제일 많이 권하는 것을 정해놓고 그쪽으로 대화를 몰고 간다. 그래도 고객은 자신이 경제력이 있고 마음에 들면 가장 비싼 걸 고르는 경우가 의외로 많다.

"이 정도면 충분해요" 하는 대화법으로 가면 고객들은 비싼 걸 권유받았을 때의 부담을 느낄 필요가 없고 싼 가격보다는 좋은 걸 샀다는 만족감이 크다. 그런데 진짜 비밀은 다른 데 있을 수도 있다. 최고 가격인 1번 제품과 중간 가격인 2번 제품이 있는데, 그 두 가지가 마진이 비슷할 수도 있다. 아니면 2번 제품이 오히려 최고가보다 마진율은 더 좋을 수도 있다. 이런 제품 구성을 처음 세팅을 할 때부터 프라이싱(pricing) 전략으로 그렇게 짤 수도 있다. 그래서 만약 마진이 좋은 2번 제품은 100대를 선점

해놨고 1번 제품은 10대만 잡아놨다면, 편하게 비싸지 않은 제품을 권할 수 있는 것이다. 주력상품을 굳이 최고가로 설정할 필요는 없으니까 말이다.

비싼 것만 팔려고 하지 않는 믿을 만한 매장이라는 신뢰를 쌓으면 고객은 다음에 다시 올 확률이 높아진다. 좋았던 기억이 있어서 기왕이면 살 게 또 있으면 그 집에 가고 싶다. 장기적으로 봐도 장삿속만 생각하지 않는다는 이미지는 좋은 결과로 돌아온다.

정해진 가격에 공산품을 파는 매장일 때는 보통 고객이 진열된 상품을 비교해보고 그냥 사는 경우가 많다. 간혹 어드바이스를 구하는 경우도 있는데 그때는 정보를 있는 그대로 얘기해주면 된다. 그건 사실 별로 안 어렵다.

경우에 따라 대화법을 바꿔라

대화, 분위기, 액션 등 매장 안에서의 에너지 주도권을 끌고 가는 곳은 장사를 잘 한다. 박수도 치고 활기차게 퍼포먼스를 하는 콘셉트로 '총각네 야채가게'가 좋은 사례라고 할 수 있다. 으샤으샤 하는 분위기로 주부 고객들에게 과일, 야채만 판 것이 아니라 에너지를 파는 곳이었던 셈이다. 거기에 정점을 찍는 것이 바로 고객과의 대화다.

대화법에는 권유형, 지시형, 설명형이 있다. 정해진 가격의 공산품을 팔 때는 설명형으로 말하면 대개는 무리가 없다. 결정은 고객이 하기 때문이다. 식당에서 고객이 "어떤 게 맛있어요?" 물어봤을 때는 권유를 해준다. 그런데 **권유형 대화는 잘못하면 오해를 사기도 한다. 고가 제품의 경우에 그 오해는 훨씬 더 강하다.**

고객 중에는 예민한 사람도 있고 그렇지 않은 사람도 있을 것이다. 100원, 200원 비싼 건 별로 개의치않겠지만, 고가 제품을 살 때는 누가 나를 응대하느냐, 나에게 어떻게 응대하느냐에 따라서 구매 결정에는 차이가 난다.

얼마 전 누군가에게 밥을 사주기 위해서 롯데백화점 평촌점에 갔다. 이전에 가봤던 때와 달리 식당가가 바뀌어 있었는데, 김치찌개 집도 있고, 양식 집도 있었다. "맛있는 거 사줄게" 하면서 만난 날이라 스테이크를 먹으러 들어갔다. 그때 요즘 장사하는 사장들이 놓치는 게 있는 것 같아 좀 안타까운 생각이 들었다. 어느 매장이든 요새는 키오스크가 거의 다 들어가 있어서 비대면 결제를 많이 한다. "이쪽으로 앉으세요" 안내해주고 "이거 보시고 주문하시면 됩니다" 하고 응대는 끝이 났다.

그런데 그곳은 백화점이었고 그곳에 오는 사람이라면 일단 경제적 능력이 있는 건 충분히 예상 가능한 일이다. 나랑 지인이 들어갔을 때 그냥 봐도 알다시피 나이가 좀 있는 사람이니까 경제적 지출이 가능할 걸 예상할 수 있을 것이고 그날은 손님도 별로 없었다. 그런데도 직원은 평소와 똑같이 응대하고 있었다. 바쁘다면 이해할 수 있지만 충분히 여유가 있는 상황인데 알아서 주문하도록 놔둬버리는 것이 안타깝게 느껴졌다. 메뉴를 고르고 있는 고객에게 직접 와서 "오늘 맛있는 거 드시러 오셨나요? 간단한 거 드실 건가요?" 물어볼 수도 있다. 나이가 좀 있는 손님들은 가장 많이 묻는 게 "요즘 뭐 잘 나가요?"일 것이고, 그러면 고급화된 메뉴나 마진 좋은 메뉴를 권하는 것도 가능할 것이다. 이건 매출과 직접 연결되는 이야기다. 그렇지 않고 그냥 내버려두면 고객들은 사진만 보고 시킬 것이다. 그러면 먹어봤던 습관대로 적당히 시킬 것이다.

남들이 다 키오스크 주문으로 가면 우리 집은 오히려 반대로 가야 한다. 모든 고객을 응대하지 못하더라도 디지털에 익숙하지 않은 나이대의 손님이라든가, 홀이 붐비지 않을 때라든가 상황을 봐가면서 응대하면 매장의 매출을 높일 수 있다. 나이가 있고 경제력이 있는 사람들은 직원이 권하는 걸 먹는 경우가 많다. 이 집에서 자신있어 하니까 맛있을 거라고 생각한다. 더군다나 밥 사주러 친구랑 왔는데 평상시보다 비싼 걸 먹어도 상관없다 생각했을 것이다. 평소에 1만2천 원짜리를 먹는 사람 같으면 "맘대로 골라. 오늘 내가 쏠게" 하는 상황에는 그 집에서 제일 잘 나가는 2만5천 원짜리를 살 수도 있는 것이다. 직원 응대에 따라 객단가가 2배로 올라갈 수도 있다. 그런 건수가 하루 10팀이면 매출이 달라진다. 하루 100만 원 매출이던 곳도 150만 원이 될 수 있다.

특히 고급화된 메뉴를 다루는 매장들은 매출이 천지 차이로 달라질 수 있다. 그 비싼 백화점 자리에 매장을 얻어서 그 비싼 메뉴를 팔면서 직원 교육을 조금만 더 신경 썼으면 좋았을 텐데, 하는 생각을 해봤다.

사장이 직접 매장 곳곳을 다니면서 본을 보이면 직원들도 비슷하게라도 한다. 사장의 능력은 결국 직원을 움직이게 하는 것이다. 젊은 직원들의 능동성이 점점 떨어지는 사회 분위기가 있지만, 진짜 문제는 사장도 안 한다는 것이다. 사장이 힘들다고 열심히 움직이지 않고 직원 교육도 안 하면 매장에서 받을 수 있는 서비스의 평균이 더 낮아지기 때문에, 사장은 어쩔 수 없이 적극적으로 움직여야 한다.

설명보다 질문을 하라

지인이 가전제품 매장에 갔다가 기분 나쁜 일이 있었다며 이야기를 털어놓은 적이 있다. 그는 텔레비전을 바꾸고 싶어서 상담을 받았는데, 자신의 집은 30평대이며 맞벌이 부부이고 어린 아이도 없어서 최신식 텔레비전은 필요없다고 했다. 가전 매장 직원은 "이걸로 하시면 됩니다" 하고 모델 하나를 권했는데 그게 생각보다 비쌌다고 한다. 당시엔 400만 원대가 보편적으로 권하는 모델이었는데, 가만 살펴보니 65평형 텔레비전으로 800만 원짜리를 권하고 있었다.

"이걸 하라고요?" 했더니 지금 손님 집에서 쓰기에 제일 좋은 것은 이 텔레비전이라며 이걸 사야 된다고 했다. 매장에는 800만 원대, 400만 원대, 200만 원대가 있었다고 한다. 직원의 말이

"200만 원짜리는 못 써요. 400만 원짜리는 사셔도 만족을 못하실 겁니다" 그러면서 800만 원짜리를 사라고 했다. 그 모델이 가장 신기술이 많이 들어간 것이긴 했는데, 그가 원했던 건 분명히 아니었다. '이 집은 그냥 비싼 것만 권하는구나'라는 생각이 들면서 다시는 그 매장에 가기 싫다는 생각이 들었다고 한다.

'직원 입장에서는 800만 원짜리를 팔아야 자기 실적이 채워지는구나'라고 이해가 돼도 그런 호구가 '나'이기는 싫은 게 사람의 심리다. 그런 생각이 안 들게 하려면 고객의 마음을 살짝 건드리는 터치가 있어야 한다. 권하지 않더라도 최신 모델을 사고 싶고 경제력이 되는 사람은 다 산다.

고객들 중에는 백인백색의 사람들이 있어서 작은 부분에서 마음이 건드려지는 경우가 엄청나게 많다. **친절한 것도 좋지만 마음을 헤아리는 능력은 있어야 한다.** 나는 이것을 장사의 '끼'라고 부른다. 친절하긴 하지만 그런 부분에서 부족하면 구매로 이어지지 않는다. 고객은 딱 친절에 해당하는 값만 지불하고 큰 돈을 쓰고 싶을 때는 다른 매장으로 갈 것이다.

고객들도 매장과 그 사장을 테스트한다. 그래서 고객 응대와 대화법이 중요한 것이다. 안경은 필요에 의해서 오기 때문에 다른 장사에 비하면 이탈률이 적은 편이다. 그래서 다른 업종에서 장사를 잘 하는 사람들을 보면 대단해 보인다. 예를 들어, 옷 가게는 재방문할 확률이 많지 않다. 한 번 옷을 입고 나서 세탁한 후에 환불해 달라고 가져온다든가, "나 살 빠졌는데 이 옷은 뚱뚱해 보이잖아요" 하는 진상 손님도 있을 것이다. 거기에 직원들이 응대를 조금만 잘못하면 크게 어긋난다. 멘트 하나 잘못했다가 수습하기 어려운 일이 발생할 수도 있다. 고객의 신뢰를 얻으려면 말이 중요하다.

고객 입장에서 느끼기에 '오늘 이 직원이 나한테 제대로 팔려고 마음먹었구나' 하는 생각이 들면 곤란하다. 팔지 않는 것처럼 팔라는 말이 있다. '나를 위해서 권하는 거네' 하는 생각이 들어야 한다. 그게 바로 단골을 만드는 대화법이다. "에이, 비싼 거 안 하셔도 돼요." 그 말 한마디에 장사꾼 느낌을 지울 수 있다.

안경원에 오는 고객들과 이야기를 나누다 보면 가끔 다른 업종의 가게에서 있었던 일을 말하는 분이 있다. 오래 다녔던 미장원이 있는데 기술도 좋고 만족스러워서 단골이었다는 분이 있었다. 어느 날 '이 사람이 나를 호구로 보는구나' 느꼈던 순간이 있었다고 한다. 옆에 앉아 머리를 하고 있는 손님이나 자신이나 쓰는 돈은 같은데, 옆자리 고객은 호구로 안 보는 걸 확실히 느꼈단다. '뭐지? 나는 잡아놓은 물고기인가?' 하는 생각에 그날로 마음을 접고 다시는 안 간다고 했다. 그후에 자신에게 맞는 미장원을 찾아다니고 있다고 말했다.

소비자 심리를 생각하지 않으면 말하지 않는데도 속마음을

들킨다. 사장은 훨씬 더 조심하겠지만 숙련되지 않은 직원이 말 한 마디 잘못해서 단골을 놓칠 위험은 언제든 존재한다.

고객의 시선이 머무는 곳을 살펴라

요즘 고객들은 다 똑똑하다. 그래서 나는 고객들에게 3가지 정도를 보여주고 약간의 설명만 드리고 반응을 기다린다. 그러면 고객 심리가 희한하게 보인다. 고가를 하고 싶은 사람은 거기에 시선이 머문다. "이게 그렇게 좋아요?" 이런 반응이다. 고가를 고를 생각이 없거나 여력이 없는 사람은 "이 정도 해도 괜찮죠?"라는 식이다. 그 반응을 봐가면서 고객이 원하는 걸 파악한다.

자꾸 질문을 던지는 대화법을 쓰라는 것은 내가 원하는 걸 강요하는 것이 아니라 고객이 원하는 걸 파악하기 위한 것이다. 질문을 던지고 기다리면 그 사람 마음이 보인다. 그렇지 않으면 고객 마음을 어떻게 알겠는가. 물어본다고 해서 모두가 가르쳐주지는 않는다. "오늘 어느 정도 예상하세요?" 물어봤을 때 예산을 얘기해주는 사람도 있지만 대개는 말하기 싫어한다. 바가지 쓸까 봐 고객도 패를 보이기 싫어하는 것이다. '20만 원까지 생각한다고 하면 10만 원짜리를 20만 원에 파는 거 아냐?' 싶은 것이다.

원하는 가격대를 안 가르쳐주는 고객이라도 설명할 때 눈빛과 각도를 보면 대충은 파악할 수 있다. 고가, 중가, 저가를 보여줬을 때 중가에 관심이 있다면 비싼 데에는 눈길이 안 간다. 저가 제품의 질이 떨어질까 봐 "이거 써도 괜찮을까요?" 이런 식으로 묻는다면, 그 사람은 저가대를 생각하고 있을 확률이 높다. 그럴 때는 저가부터 위로 올라가면서 보여주는 것이 맞다. 저가, 중가, 고가 순으로 상담하면 되는데, 그런데도 예상외로 고가에서 팔게 되는 경우도 있다. 반대로 고가에 시선이 머무는 사람은 고가, 중가, 저가 순서로 상담을 한다. 그렇게 해도 그 사람은 전체 가격표 중에서 중간은 산다. 어느 정도는 쓰겠다는 심리가 반영된 것이다.

이런 것들을 염두에 두면 판매가 쉬워지고 고객 만족도도 올라간다. "이게 왜 좋냐면요" 하고 설명만 늘어놓으면 고객 입장에서는 부담스러워서 "다음에 올게요"가 된다. 오늘 20만 원짜리 사러 왔는데 40만 원짜리를 자꾸 권하면 속으로 '나 돈 없어요' 하고 속으로만 외치고 피할 것이다. 소비자는 돈이 없어도 있는 것처럼 행동하는 게 보통이다. "제가 오늘 돈이 없어서 20만 원짜리 하러 왔는데 부담이 돼서 못하겠어요." 이런 말을 하는 사람은 없다. "한번 더 둘러보고 다음에 올게요" 하고 가버린다. 그러면 손님을 놓친 것이다.

직원은 사장과 달리 비싼 걸 팔아야 생색이 난다. 더군다나 직원 입장에서는 나중에 그만두면 그 손님이랑 다시 안 봐도 그만이라고 생각하고 다음을 생각하지 않을 수 있다. 그래서 사장은 직원 교육을 시킬 수 있는 사람이어야 하는 것이다.

3분 요약 체크-Chapter.5 매장에서 오가는 대화의 법칙

◎ 장사꾼은 연기자가 돼야 한다. 장사는 어차피 사장이나 직원과 손님의 대면이다. 특히 동네장사는 지나치게 정중해서 부담감을 주는 접객을 피하는 것이 좋다. 약간의 인간미와 사람 사는 맛이 나는 정도가 적당하다. 요새는 장사꾼이 물건만 팔면 된다고 생각하는 젊은 사장이 많은데, 그래서는 곤란하다. 싫어도 싫은 내색을 덜 하고 속마음을 안 들켜야 한다. 장사꾼은 어느 정도는 연기를 할 수 있어야 한다. '물건만 팔면 되지, 내가 왜 저 사람 기분까지 맞춰야 돼?'라고 생각할 수 있는데, 고객 입장에서 생각해 보면 그렇지 않다. 배려받는 느낌을 받을 수 없다면 온라인으로 구매하거나 기계가 일을 대체하면 그만이다. 장사는 아무나 못한다는 말은 그래서 나오는 것이다.

◎ 고객은 처음부터 마음을 열지 않는다. 매장이 잘 되려면 고객과의 대화가 잘 돼야 한다. 고객의 심리는 기본적으로 좋은 것을 싸게 사고 싶은 마음이 기본이다. 그러면 일단 매장에 들어왔다가 제품이나 서비스를 경험하고 나갈 때 '좋은 것'이라는 기대감이 충족돼야 한다. 고객을 응대할 때 제품 설명을 하는 것도 필요하겠지만 고객을 파악하기 위해 설명은 간단히 하고 기다리는 것도 좋은 방법이다. 그런데 고객이 탐색을 위해 던지는 "이거 얼마예요?" 같은 질문에 답변만 하고 있는 상황이라면 주도권은 고객에게 있는 것이다. 그런 수동적인 대응이 아니라 먼저 질문을 던지며 고객을 파악하려는 능동적인 대응을 해야 한다. 고객은 처음부터 마음을 열지 않는다. 혹시라도 바가지 쓸까 봐 그들도 긴장하고 있다. 문을 닫고 있는 고객에게 계속 질문을 던져봄으로써 마음을 엿볼 수 있다.

◎ 고객 응대의 핵심은 신뢰 쌓기. 사람을 설득할 때 "산꼭대기에서 데리고 내려와라."라는 법칙이 있다. 가장 비싼 것을 권유하지 않고 "이 정도만 해도 충분히 맛있어요. 이게 제일 잘 나갑니다. 가격 대비 가장 좋습니다."와 같이 양심판매를 한다면 고객 입장에서는 '비싼 걸 굳이 권하지 않네. 이 집은 매출을 올리려고 강매하지 않는구나'라고 매장에 대한 좋은 이미지와 함께 응대에 대한 철학이 느껴진다. 비싼 것만 팔려고 하지 않는 믿을 만한 매장이라는 신뢰를 쌓으면 고객은 다음에 다시 올 확률이 높아진다. 좋았던 기억이 있어서 기왕이면 살 게 또 있으면 그 집에 가고 싶다. 장기적으로 봐도 장삿속만 생각하지 않는다는 이미지는 좋은 결과로 돌아온다. 사장이 직접 매장 곳곳을 다니면서 본을 보이면 직원들도 비슷하게라도 한다.

◎ 설명보다 질문을 하라. '이 집은 그냥 비싼 것만 권하는구나'라는 생각이 들면서 다시는 그 매장에 가기 싫다는 생각이 들었다고 한다. 그런 생각이 안 들게 하려면 고객의 마음을 살짝 건드리는 터치가 있어야 한다. 권하지 않더라도 최신 모델을 사고 싶고 경제력이 되는 사람은 다 산다. 사장은 훨씬 더 조심하겠지만 숙련되지 않은 직원이 말 한 마디 잘못해서 단골을 놓칠 위험은 언제든 존재한다. 더군다나 직원 입장에서는 나중에 그만두면 그 손님이랑 다시 안 봐도 그만이라고 생각하고 다음을 생각하지 않을 수 있다. 그래서 사장은 직원 교육을 시킬 수 있는 사람이어야 하는 것이다.

내가 심은 나무는
내가 주는 물을
먹고 자란다

The tree I planted grow up as water I give.

Chapter. 6

보이지 않는 숫자의 법칙

- 임대료는 얼마나 예산을 잡아야 할까
- 초보 사장이 실수를 줄이는 법
- 장사는 안 돼도 걱정, 잘 돼도 걱정
- 월세 인상이냐, 매장 이전이냐
- 가격을 올리는 데는 명분이 필요하다
- 5년짜리 인테리어 적금을 들어라
- 투자금 회수와 세금 문제
- 매장을 넓힐까, 2호점을 낼까

임대료는 얼마나 예산을 잡아야 할까

장사를 시작했다면 한 달에 얼마를 벌어야 월 임대료를 내고 재료비, 관리비 등 고정비를 떼고 영업이익을 얼마나 거둘 수 있는지 궁금할 것이다. 이걸 알아야 투자의 적정 수준을 판단할 수 있다. 월 매출액 5천만 원 정도의 일반 소매점에서 월 영업이익은 얼마 정도나 될까? 업종마다 조금씩 다르겠지만 보통은 15~20% 정도 보면 적당하다. 대략 650만~1천만 원 정도로 계산된다(5,000만 원×15%=650만 원).

그러면 월 매출 5천만 원 정도로 예상되는 매장의 적정 투자금액은 얼마 정도로 예상하면 좋을까? 보통 연 예상 매출액의 50% 정도로 보면 오차 범위에서 크게 벗어나지 않는다(5천만 원×12개월=6억 원=연 매출액, 6억 원×50%=3억 원=적정 투자금).

초기 투자금을 3억 원 정도 들여서 월 매출이 5천만 원 정도 나오면 적정한 투자라고 생각한다. 이때 월 임대료는 어느 정도 예상하면 적당할까? 월 매출액의 10% 정도 지불하면 가장 이상적이지만 요즘은 임대료가 너무 높아져서 15% 이상 되는 곳도 많다. 임대료가 매출액의 10% 이상이 넘어가면 영업이익도 감소되기 때문에 고정비인 임대료는 가장 신경쓰이는 부분이다.

그리고 또 꼭 알고 있어야 되는 것이 손익분기점 계산이다. **손실도 없고 이익도 없는, 즉 손실이 제로이며 이익은 아직 없는 상태를 손익분기점이라 한다.** 내가 운영하는 매장의 손익분기점은 꼭 파악하고 장사해야 한다. 이걸 항상 머릿속에 그리고 있는 상태로 장사를 하면 영업이익 확대에 도움이 된다. 투자와 절약을 동시에 고려하면 조금 더 안정적인 경영을 할 수 있다.

$$\text{손익분기점 계산} = \frac{\text{총고정비}}{(1-\text{변동비}/\text{매출액})}$$

교과서적으로 손익분기점은 이와 같이 계산한다.

또한 장사하는 사람들이 대부분 모르는 것 중 하나가 영업이익 계산이다. 매장을 열심히 운영은 하지만 매출 총이익, 영업이익, 매출원가 등 구체적인 손익계산 없이 그냥 운영하는 경우가 대부분이다. 아래와 같이 손익계산을 통해 영업이익을 구할 수 있다.

손익계산서

	매출
-	매출원가
	매출총이익
-	판매관리비
	영업이익

매장을 운영하면서 순수하게 장사 활동으로 가져가는 순이익을 영업이익이라 한다. 예를 들면 총매출에서 매출원가를 뺀 매출 총이익에서 다양한 판매비(광고비, 홍보비 등)와 관리비(인건비, 임차료, 관리비, 세금, 감가상각비 등)를 제외하고 순수하게 장사로 벌어들인 금액을 의미한다.

보통 장사를 하면서 손익계산 중에 가장 흔한 실수로는 고정비 항목 중 인건비로 사장 인건비는 포함하지 않는 경우를 자주 보게 된다. 또한 세금 관련된 지출 비용을 미리 책정하지 않거나, 미래에 대한 투자 비용(예, 인테리어 비용, 기기 AS 비용)을 고려하지 않고 영업이익을 계산하는 경우를 많이 보게 된다. 초보 사장이거나 영업이익을 체계적으로 계산해보지 않았다면 위의 항목들을 고려하고 아래 예시를 참고하여 계산해보길 바란다.

막상 지출을 줄이고 원가를 낮추면 높은 영업이익을 보겠지 하는 마음으로 운영을 하면 절대 성공할 수 없고, 이러한 관리가 없으면 매장이 지금 어느 정도 위치인지, 어떤 것이 문제인지를 진단할 수 없다. 따라서 한 달, 분기, 반기, 1년 등 일정한 주기로 영업실적을 확인하고 손익계산을 알아보기 위해 계수관리를 하는 습관이 꼭 필요하다. 처음 계산하는 것은 복잡해 보일 수 있지만 한 번만 해본다면 다음부터는 계수관리가 쉽고 매장 운영을 진단하기에 꼭 필요한 방법이라는 것에 공감할 것이다. 또한 직원들은 변동비나 고정지출, 세금 등의 금액은 모른 채 사장이 많은 돈을 가져간다고 오해할 수 있다. 하지만 이 계수관리를 한 번 정도 직원과 같이해본다면 매장 현황을 같이 정확히 파악할 수 있고, 오해도 해소되며, 오히려 사장 입장에서 직원들이 근무를 할 수 있는 원동력이 생길 수 있다.

매장을 오픈하여 첫 달 매출 토대로 계수관리를 하는 예를 들어보겠다.

예) 20평으로 총 2억을 투자하여 첫 달 3천만원의 매출을 올렸다. 아래 약식 손익계산서를 보고 실수익이 얼마인지 계산해라. (투자금 총 2억 원 = 보증금 1억 원, 실내외 인테리어 3천만 원, 내부기기 2

천만 원, 물건 5천만 원)

항목	9월
매출총액	30,000,000
매출원가(40%)	12,000,000
매출총이익	18,000,000
인건비(1명)	– 3,000,000
임차료	– 3,000,000
행사, 홍보용품, 광고비	– 500,000
제세공과	– 1,000,000
기타잡비	– 1,500,000
영업이익?	9,000,000

매출총액을 기준으로 매출원가와 지출 비용을 제하면 9백만 원의 수익이 발생한 것처럼 보인다. 많은 초보 사장들이 이 금액만 보고 많이 벌었다고 생각하고, 또한 이후에 갑작스럽게 발생하는 추가 지출로 힘들어하는 경우를 많이 보게 된다. 빠진 항목들이 어떤 것들이 있는지 알아보자.

매장을 운영하면 인테리어나 구매한 기기들의 감가상각이 발생한다. 보통 1년에 투자 금액의 1/5로 계산을 하는데 인테리어와 내부기기 구입 비용이 5천만 원이므로 월 1백만 원의 감가상각비가 생긴다. 이 금액은 다른 통장에 따로 모아놓고 5년 뒤쯤 인테리어를 한다든지, 기기가 갑자기 고장났을 때 수리비용으로 충당하면 된다. 또한 큰 비용으로 투자였으므로 기회비용도 계산하여야 한다. 기회비용을 몇 %로 계산하는지는 정해진 것은 없지만 통상 월 1%로 계산하면, 2억 원 투자금액의 기회비용은 월 2,000,000원이다. 세금도 미리 준비해야 한다. 오픈한 첫해는 구매비용으로 인해 부가세를 환급받을 수 있겠지만, 통상적으로 매출총액 3천만 원이면 1년에 총 납부해야 하는 세금을 월로 나눠보면 부가세는 약 150만 원, 종합소득세는 약 20만 원 정도로 계산된다.

계수관리를 하며 잊기 쉬운 것은 사장의 월급이다. 사장이 매장을 오픈하여 직접 운영하겠지만, 다른 매장에서 근무했을 때 받을 수 있는 월급도 기회비용이므로 영업이익을 계산할 때 일정하게 정해놓은 사장의 월급을 빼야 한다. 사장 월급을 포함하여 계산하면 평상시 생각했던 영업이익보다 현저하게 떨어질 것이다. 예를 들어 지인이 "이번 달에 얼마 벌었어?"라고 물어봐서 500만 원 벌었다고 대답을 하였다. 하지만 실제 자기 인건비 300만 원을 빼면 실제 장사를 해서 발생한 영업이익은 200만 원으로 생각해야 한다. 반드시 사장이 직접 일을 한다면 사장 인건비를 포함하여 영업이익을 계산해야 한다는 것을 명심해야 한다. 그렇지 않으면 영업이익이 많은 줄로 착각해서 방만한 경영을 할 수 있으니 조심해야 한다.

자, 이제 생각지도 못했던 금액들을 고려해보면 아래와 같다.

항목	9월
영업이익?	9,000,000
감가상각비	– 1,000,000
투자금 기회비용	– 2,000,000
세금(부가세, 종합소득세)	– 1,700,000
사장 월급	– 4,000,000
영업이익	+ 300,000

결국 첫 달 3천만 원의 매출에 9백만 원이 남았다고 좋아했지만, 모든 경우의 수를 고려해보면 영업이익은 30만 원밖에 되지 않는다. 업종에 따라 영업이익률이 다르겠지만, 보통 장사를 잘하는 안경원의 경우 이러한 계수관리로 매출 대비 15~20% 영업이익이 발생한다면 최고의 매장이라 할 수 있다. 장사가 잘 되는 프랜차이즈 매장의 경우 12~15%, 개인 매장의 경우 15~17%의 영업이익이 평균적으로 나타난다.

자영업자의 장사이든 사업가의 비즈니스이든 초기 투자금을 계산할 때 보증금, 인테리어 비용, 재료비, 운영자금 등을 꿰고 있어야 하는데, 여기에 여유자금을 어느 정도 확보해두면

좋다. 예측하기 어려운 예산 외 지출이 어디서 터질지 모르기 때문에 직원 급여 등에 들어갈 비용의 3개월치 정도는 충당금으로 갖고 있는 것도 좋을 것이다. 3개월 정도는 이익이 안 날 수 있고 프로모션 지출이 더 발생할 가능성도 고려하는 것이다.

또 한 가지 방법을 제안하자면 모든 재원을 올인해서 전력을 다하는 방법이 있다. 교과서적으로 말하는 책에서는 3개월 정도 여유자금을 확보하라고 할 수도 있는데, 그런 여유자금이 있으면 마음 한켠에 믿는 구석이 생겨서 머리 회전이 덜 돌아갈 수 있다. 보험처럼 생각해서 안심하는 마음이 '행동'을 미룰 수 있다. 벼랑 끝 전술로 내가 가진 모든 걸 투자하면 '이거 안 되면 나는 망한다'는 생각이 들기 때문에 머리 회전에 투여되는 에너지가 달라진다. 준비를 더욱 철두철미하게 하게 되고 절박한 상황에서 반짝거리는 기발한 아이디어가 더 잘 떠오른다. 최대의 투자를 하고 최대의 노력을 하는 것이 성공확률을 더 높이는 방법이 될 것이라 생각한다.

초보 사장이 돈 없이 시작하는 법

장사를 하려는데 돈이 없다면 사실 참 어렵다. 좋은 목을 찾아서 매장을 열어야 성공률을 높일 수 있다. 그러면 돈이 많지 않다면 장사는 아예 시작할 수도 없는 걸까? 큰돈 없이 시작하려는 초보 사장은 걱정이 많을 테지만, 꼭 그렇지는 않다. 사람은 서로 도움을 주고받으면서 살아가는 존재다. 기본적인 건 스스로 해결해야겠지만 성실함과 인맥이 있다면 도움을 받을 수 있다.

'사장편'에서도 언급했지만 장사를 잘 하려면 먼저 최고의 기술을 갖추어야 한다. 업계 최고의 고수를 찾아내 그에게 3년은 배워야 한다. 스승으로 삼은 고수에게 배울 때 알게 되는 거래처 등은 나에게도 재산이 되어줄 수 있다. 평소에 나의 성실함을 그 사람도 봤다면 매장을 열고 재료를 공급받을 때 몇 달치를 선불 없이 받아놓는다든지 싸게 해준다든지 할 수 있을 것이다. 스승이었던 사장에게 빌리는 방법도 강구해볼 수 있다. 정말 안목을 가진 고수는 자신과 맥을 같이하는 사람을 돕는 데 거리낌이 없다. 다만 절대 아무한테나 도움을 주지는 않기 때문에 3년간 배우면서 내가 어떤 모습을 보였느냐에 따라 다를 수 있다.

사람은 도움을 받았을 때 대체로 그것을 기억한다. 스승 밑에서 일할 때 거래처 직원에게 베풀었던 밥 한 끼, 따뜻한 차 한 잔이 되돌아오는 경우도 있다. 성실함이 보였다면 그들은 속으로 '저 사람 일 잘하겠는데'라는 평가를 하고 있었을 것이다. 그런 것은 드러내지 않아도 표시가 나게 마련이다. 꼭 목적하는 바가 따로 있지 않아도 거래처 영업사원들에게는 잘 해줘야 한다. 그것이 평상시 인맥관리가 될 수 있다.

그런 무형적인 재산들이 쌓이면 돈이 없어도 장사를 할 수가 있다. 결국은 자신이 자기 인생을 만들어가는 것이다. 대신에 남의 도움은 받아도 부모형제의 돈은 받지 않는 것이 원칙이다. 그것은 나의 노하우로 쌓이지 않기 때문에 나의 성공이 아니다. 남에게 인정받는 것은 힘들다. 남에겐 의무감 따위는 없다. 생판 남인 사람이 마음을 열고 내게 자금까지 빌려줬다면 그것이야말로 최고의 인정이라고 할 수 있다.

장사를 '돈 놓고 돈 먹기'라고만 생각하면 성공할 수 없다. 혼자 잘난 걸 과시하다가 내리막길을 타는 사람이 많다. 사람 마음을 읽을 줄 모르니 당연히 손님 마음도 모를 것이다. 사실 사장이고 직원이고 손님이고 사람 마음은 같은 것이어서 스승인 사장의 마음을 얻었다면 장사를 시작해서 고객 만족을 얻어내는 것도 어렵지 않을 것이다.

초보 사장이 실수를 줄이는 법

잘 생각해보면 사실 장사는 시골 할머니도 한다. 좌판 벌여놓고 야채를 놓고 파는 할머니를 본 적이 있을 것이다. 초보 사장의 초기 투자금은 자기 사정에 따라 맞춰서 하는 것이 현실적이다. 사업을 할 때도 1년치 운영비는 가지고 시작하라는 이야기를 많이 하는데, 실제로 1년은 후딱 가버린다. 특히나 처음 세 달간 사장은 월급을 가져갈 생각을 하면 안 된다. 전력을 다 하면서 그 정도는 각오해야 한다.

그런데 여기서 초보 사장이 주의할 점이 있다. 장사에 관해서 교과서적으로 알려주는 책들을 보면 원가계산 같은 수치적인 것들을 알려준다. 이런 걸 초보 사장들이 읽으면 함정에 빠질 수 있다. **장사에서 숫자를 우선적으로 내세우면 발전할 수가 없**

다. 초보일수록 숫자에 빠지면 안 된다. 장사하다가 정산해보면 남을 때도 있고 안 남을 때도 있다. 여기에만 안절부절못하다 보면 장사로 성공 못한다.

초보 사장이 기준으로 잡아야 할 것은 무조건 고객 만족이다. 건별로 이문이 남는지 안 남는지에만 집착하면 안 된다. 식당이라면 무조건 맛있게, 우리 매장에서 나간 사람이 만족하도록 해야 한다. 수치 계산에 집착해 '이자 얼마, 월세 얼마, 세금 얼마, 그리고 내가 월급 얼마를 가져가야 하니까'라는 생각을 하다 보면 보이지 않는 가치를 얻을 수 없다. 고객 만족이 없나면 점차 손님은 줄어들 것이고 장사를 오래 지속할 수가 없다.

나는 장사를 처음부터 크게 하는 걸 반대하는 입장이다. 남들 보는 눈이 있다며 소위 말하는 '가오'를 잡기 위해서 매장을 크게 하는 사람들이 있다. 자신에게 과부하가 걸릴 수 있다는 걸 따지지 않고 자신을 포장하기 바쁜 것이다. 대기업에 다니다가 퇴직한 사람들 중에 그런 사람들이 많다. 그동안 살아왔던 것에 맞출 타이틀을 얻기 위해 "쪽팔리니까" 작게 못하는 것이다. 장사 규모가 크다면 그건 장사가 아니라 사업이라고 불러야 할 것이다. 장사를 처음 한다면 직원을 두지 않고 할 수 있는 규모로 작게 출발해서 연습한다고 생각하면 좋다. 장사하는 사람들은 대개 돈이 없는 상태에서 시작한다. 처음엔 나 혼자서 감당할 수 있는 정도의 규모로 하면 비용에 과부하가 걸리더라도 메꿀 수 없는 정도는 아니다.

연습 게임부터 시작하라

가장 안정적인 것은 돈이 있고 없고를 떠나서 연습을 먼저 해보는 것이다. 시험을 치기 위해 과외를 받았다고 해보자. 본시험이 30일에 있는데 그전에 모의고사를 쳐보는 것이다. 내가 고수에게 배웠던 기술이 진짜로 현장에서 먹힐까, 시험해보는 것이다. 자금이 5억 원이 있다면 5억 원을 모두 투입할 할 수도 있겠지만, 잘할 수 있을까 불안하면 작은 점포에서 시작해서 예행연습을 해보는 것이다. 음식점 같으면 좌판이라도 벌릴 수도 있을 것이다. 그 크기는 자신이 정하면 된다.

망해가는 가게를 인수하는 것도 좋으며, 반면, 잘 되는 집을 인수하면 안 된다. 안 되는 집을 인수하면 헐값이기 때문에 적은 비용을 들일 수 있다. 내가 고수에게 기술과 태도를 배웠기 때문에 어떤 집을 인수하든 매출에는 지장이 없다. 하지만 잘 되는 집을 인수하면 잘하던 이전 사장과 비교가 돼서 오히려 인정받기 힘들고 돈만 쓰게 된다. 그리고 혹시라도 인수한 집이 잘 안 됐었더라도 건져올 수 있는 것들은 있을 것이다.

초보 사장의 경우에는 수치 계산보다 더 먼저 습득해야 할 노하우가 있는데, 그건 단골을 늘리는 법이다. 고객 만족이 쌓이다 보면 단골을 자연스럽게 늘릴 수 있다. 매장의 입지를 정할 때도 초보 사장은 고민이 될 것이다. 사는 동네 근처에서 장사를 할까, 시장성이 큰 곳을 찾아가서 장사를 할까, 우선은 두 가지 선택이 떠오를 것이다.

"장사는 모르는 데 가서 하라"는 말이 있지만, 모르는 곳을 선택하든 연고지를 선택하든 장단점이 있기 때문에 두 가지를 잘 비교해봐야 한다. 돈이 없는데 처음 장사를 하는 사람이 연고지에서 매장을 열면 도움을 받을 수 있어서 좋다. 단점은 내 의지와 상관없이 흥망성쇠가 바뀔 수 있다는 것이다. 아는 사람들이 있는 곳에서는 행동 하나, 말 한 마디를 엄청 조심해야 한다. 철저하게 이미지 관리를 해야 한다. '내가 부처가 돼야 한다'고 생각하는 게 신상에 이롭다.

모르는 곳에서는 트러블 있는 손님이 있을 때 그냥 안 팔면 그만이다. 나와의 연결고리가 짧기 때문에 혹시 잘못된 소문이 생겨도 멀리 가지 않는다. 그런데 아는 데에서는 "저기 나빠" 하는 소문이 금방 퍼질 수 있다. 우리 가게에 안 와본 사람이 소문을 듣고 아예 발걸음을 안 할 수도 있다. 장사는 그래서 어렵다. 모르는 데 가서 장사할 때는 나쁜 소문에 대한 전파력이 떨어진다. 혹시라도 나쁜 소문이 진원지가 되어 망하더라도 모르는 데서는 1년 만에 망할 것을 아는 데에서는 한 달 만에 쫄딱 망할 수가 있다. 그래서 나는 초보 사장이라면 모르는 데 가서 매장을 여는 게 리스크가 적다고 말한다. 처음엔 더디더라도 훨씬 장사를 오래 할 수 있을 것이라 생각한다. 사람의 성향에 따라서 업종에 따라서 다를 수 있겠지만 두 가지 다 충분히 판단해보고 고민해서 결정해야 한다.

연습 삼아 작게 시작했는데 매출과 단골이 늘어나면 장사 규모도 키울 수 있다. 수치적인 계산을 본격적으로 신경 써야 할 때가 바로 장사 규모가 커졌을 때다. 그때는 경험을 바탕으로 한 분별력이 생길 것이고 수치 정보를 활용할 여유도 생길 것이다. 이게 능숙해지고 습관화될 정도까지 가면 장사의 고수라 부를 수 있는 경지가 된다. 나중에는 수치 계산을 넘어서 그걸 감각적으로 알 수 있는 날도 온다. 계산기를 두드리지 않아도 '이렇게 하면 얼마가 남겠다' 생각할 수 있는데, 나중에 확인해보면 정확히 맞는다.

장사는 안 돼도 걱정, 잘 돼도 걱정

매장 입지를 정하고 초기 투자금을 마련해서 계약하고 나면 인테리어를 한다. 그리고 오픈 행사를 정말 열심히 기획하고 마케팅에 힘을 들여 고객을 유치한다. 그렇게 혼신의 노력을 다한 끝에 매장이 자리 잡히면, 그때부터는 초기 투자금도 금방 회수하고 돈 벌 일만 남는다. 이렇게만 되면 좋겠지만 정말 그럴까? 허무하게 기운 빼는 것 같아서 미안하지만 꼭 그렇지만은 않다.

정말 열심히 했어도 5년 후에 초기 투자금을 회수하는 건 정말 어려운 일이다. 장사 시작한 지 2년만 지나도 생각지도 못한 일을 겪을 수 있다. 이에 대한 대비를 하지 않으면 억울한 일이 생긴다. 초기 설비투자를 세게 했는데 집주인이 2년 후에 임대 연장을 안 해주고 나가라고 한다면 어떻게 해야 할까?

매장의 입지를 정할 때 누구나 자금만 충분하다면 최상의 상권에 들어가기를 원할 것이다. 목 좋은 곳은 대체로 장사도 잘 된다. 안경원은 동네마다 A급 상권에 자리를 잡고 있는 경우가 많은데, 전통적으로 약국, 안경원은 최고의 자리를 차지하곤 했다. 휴대폰 매장이 등장하면서 좋은 자리에 대한 경쟁이 더 치열해졌고, 그 다음에는 뚜레주르, 파리바게뜨, 롯데리아 등 대기업들이 골목상권까지 들어와 A급 상권을 차지했다. 거의 모든 동네의 중심 상가 메인 자리는 안경원, 휴대폰, 빵집 등이 있을 확률이 높다. 건물주들이 가장 좋아하는 업종이다. 월세가 잘 나오고 불을 환히 밝혀놓고 장사하기 때문에 건물 가치가 확 올라간다.

초보 사장들은 임대 계약을 할 때 부동산 중개인의 말만 믿고 있다가 2년 후 낭패를 보는 경우가 있다. 부동산 중개업자는 계약을 성사시켜야 수익을 올리는 사람이라서 임차인에게도 집주인에게도 항상 좋다는 말만 하기 마련이다. 입지가 좋아 장사가 잘 되면 그건 좋은 일이지만, 매장이 잘 되는 걸 계속 지켜보던 집주인은 2년 후 월세를 올려 달라고 할 가능성이 매우 크다. 그래서 장사는 안 돼도 걱정, 잘 돼도 걱정인 것이다. 장사가 잘 되면 집주인은 자기 건물이 자리가 좋아서 잘 되는 줄 알고 월세를 올린다. 세입자의 노력 덕분이라고 생각하는 집주인은 없다.

"집세 안 올린다"는 믿지 못할 약속

장사는 고객 만족에 충실하면 돈을 벌 수 있는 것일까? 이건 맞는 말이기도 하면서 아닐 수도 있다. 이 점이 참 아이러니한데 고정비 중에서도 임대료가 발목을 잡을 수 있기 때문이다. 장사를 시작할 때 매장을 얻고 인테리어에 목돈을 들이는 순간 임대인은 완전한 을이 된다. 아주 좋은 메인 상가가 아니라면 집주인은 계약 전에 임대인에게 잘해줄 확률이 높다. 집주인 입장에서는 공실을 내면 안 되기 때문이다. 좋은 자리라서 너도나도 눈독을 들이는 중이라면 "싫으면 마세요" 할 수도 있는데, 조금만 벗어난 상권이어도 "어서 들어오세요" 하는 입장일 것이다.

그런데 B급 상권의 집주인도 "나는 월세 많이 안 올려요"라며 잘해줄 거라고 저자세였다가도 인테리어를 시작하는 순간 마음이 바뀐다. 어차피 투자는 시작됐으니 세입자는 중도에 나갈 수가 없다. 세입자는 단단히 코가 꿰인 약자처럼 된다.

계약 전후로 집주인이 말했던 감언이설은 믿으면 안 된다. 집주인 마음은 언제든 바뀔 수 있다는 걸 감안해야 한다. 장사가 잘 될 때 가장 큰 리스크로 튀어나오는 문제가 집주인의 월세 인상 고지다. 장사가 잘 안 되면 매출이 안 나오니 근심 걱정, 장사가 잘 되면 월세가 오르거나 집주인한테 쫓겨날까 봐 걱정이다.

장사하는 사람 입장에서는 '내가 열심히 해서 장사가 잘 되고 있는데 매출은 당연히 내 몫이지'라고 생각하지만, 집주인 입장에서는 '내 점포가 자리가 좋아서 장사가 잘 되는 거다'라고 생각한다. 매출이 잘 나오는 데에는 집주인 몫이 있다고 생각하는 것이다. 이런 억울함은 장사를 안 해본 사람은 상상할 수 없다. 물가 상승, 임금 인상이 있다고 치고 5%, 10%는 올려줄 수 있겠지만 상상을 초월하는 월세 인상도 있다. 집주인이 100% 이상 월세 인상을 바라는 사례는 진짜 리얼 현실이다. 월세가 500만 원이었는데 1,500만 원으로 갑자기 인상하는 경우도 있다. "싫으면 나가"라는 것이다.

방송인 홍석천 씨가 이태원에서 장사하면서 이런 경우를 여러 번 겪었다고 말한 적이 있다. 인테리어에 큰돈을 들였는데 2년 후 나가라고 하면 돈만 쓰고 쫓겨나는 셈이 된다. 그래서 장사에는 인복이 중요하다. 첫째는 직원 복, 둘째는 집주인 복이 있어야 한다. 둘 다 없다면 장사로 돈을 벌 수가 없다. 지금은 임대차 계약이 5년 계약 후 1년마다 갱신으로 바뀌었지만, 예전에는 2년 계약이 보편적이었다. 그런데 임대계약을 할 때 "괜찮다"면서 1년마다 갱신하자는 사람은 있는데 절대 믿으면 안 된다. 편법이지만 갖은 핑계를 대면서 갱신은 당연히 해주니까 걱정하지 말라고 한다. "계약서에 적어주세요" 하면 "에이, 그런 거 뭐하러 해요. 내가 알아서 잘해줄게요" 한다.

첫 1년은 계약 갱신을 해준다고 해도 2년, 3년 지났을 때 갑자기 월세를 팍팍 올리면 투자금 회수도 못하고 돈만 쓴 채 쫓겨나는 꼴이다. 그게 아니고 10%씩만 올린다고 해도 매년 올리면 부담이 크다. 500만 원 월세가 10% 인상으로 550만 원 되고, 거기서 또 10%를 올리면 600만 원(500만 원×10%)이 아니라 550만 원의 10%인 605만 원이다. 복리로 늘어나는데도 집주인은 10%만 올렸다고 말한다. 이런 말장난은 미리 차단해야 한다.

건물주와 10년 계약 딜하는 법

이런저런 경험 끝에 **나는 10년 장기 계약이 아니면 들어가지 않는 것으로 협상하고 있다.** 말을 꺼내면 집주인은 대부분 반박한다. "이 건물이 당신 꺼냐?" 그러면 나는 이렇게 말한다. "반대로 생각해보세요. 여기서 10년 동안 장사가 안 돼도 저는 집세를 낼 겁니다. 위험성은 똑같지요? 제가 만약 3년을 계약하면 3년 동안 장사가 잘 안 되면 저는 나갈 수 있습니다. 그런데 장기계약을 하면 10년 동안 장사가 안 돼도 저는 나갈 수 없는 겁니다. 나가더라도 월세는 다 주고 나가야 되는데 제가 오히려 손해지요. 어르신은 10년간 안정적인 수입을 보장받는 것입니다."

이런 협상이 이뤄지지 않으면 나는 그 자리에 들어가지 않는다. 초기 투자를 큰돈 들여서 하는 건데 실제로 장사를 5년간 잘했다고 해도 투자한 금액을 뽑아내기는 힘들다. 최소한 10년을 했을 때 설사 그 자리에서 쫓겨나가더라도 돈을 벌고 나갈 수 있어서 괜찮은 것이다. 그간의 경험으로 봤을 때 10년 정도는 해야 장사한 보람이 있다. 그 전에 나가면 투자한 자금을 회수하지 못하기 때문에 내가 쓸 생활비를 내가 준 셈이 된다. 투자 대비 돈을 벌지 못했기 때문에 그 돈으로는 어디 갈 데도 없다. 딴 데 옮겨가도 인테리어는 또 해야 되니까 결국 5년 동안 나는 번 돈이 없는 것이다. 그래서 협상을 시작한 게 자리가 아무리 좋아도 10년 계약을 해주지 않으면 임대차 계약을 안 하는 것이다.

초보 사장이 그런 시도를 하는 건 어려울 수 있다. 그래도 계약기간, 월세 인상폭 등 디테일한 부분을 얘기해보고 내가 원하는 쪽으로 관철되도록 시도는 해봐야 한다. 원하는 대로 잘 안 됐더라도 여러 가지 경우의 수를 생각해보고 이것만은 양보할 수 없다는 필요조건을 추려보기 바란다. "10년 계약해주세요"라고 시도해도 업종별로 협상 결과는 다를 수 있다. 최소한 이 자리에서 장사를 영원히 계속할 수 있다는 환상은 버려야 한다. 모든 집주인이 나쁜 건 아니기 때문에 미리 겁먹을 필요는 없지만 사람 마음이란 언제 바뀔지 모르니까 위기의식은 갖고 있어야 한다.

월세 인상이냐,
매장 이전이냐

헤어샵을 개업해서 잘 운영하고 있었던 사람이 있다. 손님이 꾸준히 늘어났기 때문에 직원도 더 뽑아야 할 정도로 잘 됐다. 그런데 2년이 지나고 집주인이 월세를 올려 달라고 했다. 웬만하면 옮기고 싶지 않았지만 월세 인상폭이 너무 부담이 돼서 최대한 가까운 곳으로 이사를 갔다. 이사 가기 전에 단골 고객들에게 충분히 안내를 한 덕인지 다행히 그후에도 매출은 꾸준했다. 그런데 2년 임대차 계약이 끝나고 나면 어김없이 집주인들이 터무니 없는 월세 인상을 요구했다. 이게 10년간 반복되자 지쳐버린 미용실 사장은 이사에 지쳐서 가게 분양을 알아보고 있다고 한다.

이런 상황에서 주의할 점은 그동안 장사를 잘했던 이유가 지역적인 특색이 있었던 것은 아닌지 충분히 판단해보는 것이다. '권불십년'이라는 말이 있는데, 달도 차면 기울듯이 아무리 막강한 권력이라도 10년을 못 간다는 뜻이다. 어떤 노하우가 있어서 계속 써먹었는데 상가 분양을 받게 되어 이사를 갔더니 "쫄딱 말아먹었다"는 사람들이 실제로 많다. 분양을 받았는데 코로나 같은 악재를 만나면 이자도 못 내고 힘겨워하다가 가게를 다시 되파는 경우도 있다. **장사하는 사장은 사실 편한 직책이 아니다. 계속 공부하면서 실력을 갈고 닦아야 성공을 유지할 수 있기 때문이다.** 잠시만 놓쳐도 내리막길로 내려가고 만다.

얼마 전에 젊은 안경사가 지인 소개로 찾아와서 나에게 질문을 던졌다. 지금 하고 있는 안경원을 15년째 하고 있는데 코너라서 자리가 좋다고 한다. 그런데 집주인이 계속 월세를 너무 올려서 스트레스를 받는다며 "지금 월세가 800만 원이고 옆에 옆에 옆으로 옮겨가면 월세가 500만 원인데, 옮기는 게 좋을까요?" 물었다. 나의 대답은 이랬다. "월세 300만 원 차이면 하루에 10만 원 차이다. 그러면 매일 20만 원짜리 안경 하나 더 팔면 되겠지? 지금 A급 자리에서 B급 자리로 옮겼을 때 하루 20만 원짜리 안경을 하나 더 팔 확률이 어느 쪽이 높지? 지금 자리를 옮기면 인테리어비 들여야 하고 광고도 해야 하지? 차라리 속쓰리고 아깝지만 그 돈을 지금 매장에 더 투자해서 매출을 더 올려라."

주인이 나가라고 한다면 어쩔 수 없지만 자리 좋은 매장은

그대로 하는 것이 가장 현실성 있다. 혹시 불가항력적인 일이 있어서 이전을 하게 됐다면 매장 규모는 비슷하거나 넓혀서 가는 것이 좋다. '확장 이전' 같은 긍정적인 명분을 붙일 수 있다. 좁혀서 가면 망해서 이전한 것 같은 부정적 이미지를 심어줄 수 있다.

매장을 옮겨도 단골은 따라온다?

고객의 관점에서 또 다른 헤어샵의 사례를 살펴보자. 한남동에 머리를 잘 만지는 헤어샵을 찾아서 단골로 다녔다. 원장님 실력이 좋아서 머리를 할 때마다 꼭 이곳으로 갔다. 이 원장님은 사업을 키우겠다며 압구정동으로 헤어샵을 옮겼다. 단골이었던 고객은 압구정동으로 따라가서 계속 단골이 되었다. 사장님은 기존 고객들은 가격을 똑같이 해줬다. 확장 이전을 했기 때문에 직원 이탈도 방지할 겸해서 자신은 아래층에서 40대 이상 고객 위주로 받았고, 수석디자이너는 윗층을 전담시켜서 20대 30대 고객을 몰아주었다. 인스타그램을 통해 중국에서도 찾아오는 젊은이들이 있을 정도였고 코로나 시기에도 유지가 잘 됐다.

문제는 아래층이었는데 새로 헤어디자이너를 한 명 더 두었는데 기존 단골 입장에서 어째 잡은 물고기 같은 느낌을 받고 있다. 원장의 실력을 믿고 계속 방문했는데, 처음에는 기본적인 세팅만 다른 직원이 하고 원장님이 커트나 펌을 직접 말아주더니 세 번째 방문부터는 다른 디자이너한테 거의 모든 걸 맡기고 있다. 그런데 고객 입장에서는 스타일이 원하는 대로 만족스럽게 나오지 않아서 그만 다녀야겠다는 생각이 들었다.

월세 때문이든 다른 이유 때문이든 이전을 결정했다면 단골 관리를 철저히 하든지 아니면 새로운 타깃으로 처음부터 새로 시작하는 마케팅으로 전력해야 한다. 집주인이 월세를 올려 달라고 할 때 세입자들은 고정비가 올라가는 것 때문에 심하게 갈등한다. 그런데 웬만하면 월세를 더 주더라도 옮기지 않는 것이 좋다. 본의 아니게 옮겨야 한다면 최대한 가까운 곳으로 결정해야 한다. '내가 얼마나 여기서 열심히 했는데 단골들이 따라오겠지' 하는 생각으로 월세가 싼 곳을 찾아 이사 가는 경우도 많다. 예를 들어 300만 원 월세에서 400만 원으로 올려 달라는데 이게 싫어서 근처에 300만 원짜리 자리를 찾는 것이다. 하지만 그게 생각만큼 여의치 않을 수도 있다. '내가 여기서 단골이 얼마나 많았는데' 싶지만, 사람이란 얼마나 게으른지 모른다. 고객들은 한 블록을 더 가야 한다고 하면 그게 귀찮아서 안 가는 사람이 참 많다. "내가 꼭 따라갈게"라고 말을 했어도 행동으로 옮기지 못하는 고객이 많다. 그래서 고객의 말에는 속으면 안 된다.

정말 특출한 곳이라면 모르겠지만 사람들은 의외로 대체할 곳들을 잘 찾는다. 심지어 길만 건너면 되는 곳으로 이사간 집도 안 가게 되는 경우가 많다. 횡단보도 하나 건너는 게 천리 길, 만리 길도 아닌데 자기 눈앞에 뻔히 보이는데도 귀찮아서 길을 건너지 않고 가까운 곳을 찾는 경우도 많다. 그래서 웬만하면 월세를 올려주고 눌러 있거나 부득이하게 옮겨야 한다면 최대한 가까운 데로 가야 한다. 월세 싼 곳을 찾는 게 악수가 될 수 있다.

매장을 키워놨더니 건물주 아들이 뺏는다?

집주인의 비합리적인 요구에 대비하기 위해서는 처음 임대차 계약을 할 때부터 집주인에 대한 정보를 수집해야 한다. 집주인의 나이와 직업, 자녀의 나이와 직업 등을 수집하면서 여러 가지 상황을 가정해보는 것이다. 집주인 정보를 수집하는데 왜 자녀들 얘기냐고 할 수 있다. 그런데 자녀들의 나이, 직업도 중요하다.

결혼하고 얼마 안 된 자녀가 있으면 그 자리에 장사하겠다며 들어온다고 할 수도 있다. 임대 준 집에서 장사가 잘 되면 내보내고 자녀에게 같은 업종의 매장을 오픈시켜 주는 경우가 비일비재하게 있다. 특히 자녀가 딱히 직업 없이 놀고 있다면 가능성이 매우 커진다. 그 집에서 장사가 잘 된다면 '저거 시켜야겠다' 생각하며 기회만 엿보고 있을 수 있다. 만약 나가지 않으면 월세를 확 올려서 500만 원이던 월세를 2천만 원 달라고 할 수도 있다.

집주인 중에도 질 나쁜 사람은 분명 있어서 권리금을 자신이 받으려는 사람도 있다. 이것을 계약하기 전에 사전에 파악해야 한다. 자금이 없어서 여기저기서 부채를 끌어왔는데 오갈 데 없어지는 경우도 많다. 1년 단위로 편법 계약을 유도한다면 무조건 하지 않는 게 좋다.

집주인 직업으로는 변호사, 교수, 의사 등이 좋다. 전문직인 사람들은 자기 이미지가 있어서 상식에서 벗어난 일을 덜 한다. 집주인이 의사인데 세입자가 병원 앞에서 1인 피켓 시위라도 한다고 생각해보자. 1인 시위는 법적으로 허용되니까 어떻게 하기도 힘들다. **확실한 직업이 있는 주인이 건물을 갖고 있는 경우는 나쁜 일이 생길 확률이 상대적으로 낮다.** 월세를 올리더라도 합리적인 선에서 올리는 경우가 확률적으로 많다. 경매나 차압이 들어오는 경우도 드물고, 일단 이분들은 일하느라 적당히 바쁘다.

가장 좋은 건물은 종가 소유의 건물인 경우다. 대대로 이어받은 것이라서 이익만 보고 하는 게 아니고 이사회를 통과해야 하기 때문에 개인이 마음대로 할 수 없다. 월세 인상도 대부분 정해진 규칙대로 한다.

제일 위험한 경우는 집주인이 배운 거 별로 없이 열심히 돈 벌어서 건물 한 채를 갖고 있는 경우다. 혹시 개인적으로 문제가 생겨서 차압이 들어올 수도 있고, 여기서 본전을 뽑으려는 성향이 있기 때문에 "싫으면 나가라"의 태도가 나온다. 나 역시 그런 집주인에게 식겁할 정도로 놀란 적이 있다.

임대 계약서에 '원상복구'라는 말이 세입자들 발목을 잡는 경우도 있다. 다 찌그러져 가는 건물에 지저분한 매장을 깨끗하게 인테리어하고 단장해서 장사를 했다. 그런데 이걸 다 부수고 원 상태로 되돌려놓으라고 하는 경우가 있다. 더 좋게 만들어놔도 소용이 없다. 못 하나라도 다 빼고 구멍까지 메꾸고 가라고 말하기도 한다. 그러면 엉망진창인 바닥에 깨끗하게 타일을 깔아놨어도 부수는 데 돈을 또 들여서 뒤집고 가야 된다.

이런 걸 알고 겪는 것과 모르고 겪는 것은 다르다. 장사하면서 마음을 다치는 경우가 많은데, 세상에 대한 불신과 인간에 대한 배신감으로 절망하기도 한다.

건물주의 특성을 알려면 먼저 부동산중개인에게서 정보를 얻으면 된다. 그런데 중개인은 좋은 말만 하기 때문에 진짜 중요한 정보는 못 들을 수 있다. **그 지역에서 정보를 얻으려면 미장원이나 빵집처럼 그 동네에서 오래 장사한 곳을 찾아가서 물건을 팔아주면서 물어보면 된다.** 머리를 하거나 빵을 사면서 "저 집 장사 잘 돼요? 집주인은 어때요?" 물어보는 것이다. 리스크를 줄일 수 있는 최선의 방법이다.

가격을 올리는 데는 명분이 필요하다

장사를 오래 하다 보면 처음에는 꾸준히 늘어나던 고객들도 어느 정도 기간이 지나면 신규고객이 더 이상 늘어나지 않는다. 단골도 매출액도 일정 수준은 유지되고 있는데, 시장이 더 이상 커지지 않는 것이다. 시장이 성숙기에 들어서면 안정적이긴 하지만 그대로 있으면 결과는 점점 후퇴하는 일밖에 없다.

게다가 물가가 오르면서 재료비도 오르고 월세도 올라서 처음 설정했던 가격으로는 유지가 안 될 때가 있다. 이럴 때 가격을 올려버리면 기존의 고객들이 이탈할 위험이 커진다. 고객이란 항상 예민한 존재이기 때문에 변화 없이 가격만 올라가면 오해하기 마련이다. 가격을 올릴 때는 무조건 명분이 있어야 한다. 코로나 팬데믹 이후 '위드 코로나'와 함께 금리가 오르고 원자재 가격이 상승한 것처럼 외부적으로 모두가 납득할 만한 사회적 환경이 뒷받침되었을 때는 절호의 기회가 된다. 상품이나 서비스의 품질 변화가 크게 없어도 가격 상승에 대해서 고객들이 동의해주기 때문이다.

모두가 체감하는 물가 상승으로 예를 들어 1만2천 원짜리를 1만5천 원으로 올렸는데 실제로 원가는 그만큼 오른 건 아닐 수도 있다. 그렇다면 이건 좋은 기회다. 평소에는 손님이 떨어져나갈까 노심초사하느라 가격을 못 올렸겠지만 모든 업종이 가격을 올릴 만한 외부 요인이 있을 경우에는 머뭇거리면 안 된다. 직장인들 점심값을 살펴보면 처음에 가격 인상이 있으면, 사람들은 도시락을 싸온다든지 가격이 저렴한 곳을 찾아간다든지 저항의 행동을 한다. 그러나 3개월 정도 지나면 무뎌지고 다시 단골집을 찾는다. 고수들은 그 잠깐의 시간을 잘 버틴다.

가격을 올릴 수 있는 외부적인 요인이 없거나 명분이 약한 경우에는 제품이나 서비스의 품질을 올리면서 가격을 올리면 된다. 지금 의왕시에서 운영하고 있는 아이데코 안경원에서 '티타늄 안경테 49,000원'이란 콘셉트를 만들었을 때 고객들의 반응은 폭발적이었다. 그러나 최근 8년 만에 마케팅을 리뉴얼하면서 여러 가지로 시스템을 바꾸고 서비스 구성에 변화를 주면서 가격은 59,600원으로 올렸다. 가격만 올리고 매장의 모든 것이 그대로라면 설득이 안 되겠지만 서비스 품질이 달라졌기 때문에 대부분의 단골은 여전히 우리 안경원을 온다.

그렇지만 그중에는 불만을 표하는 사람이 있다. "고객님, 49,000원은 8년 전 가격이에요. 이제 겨우 10,600원 올랐어요" 했더니 반박하진 않는다. 어쩔 수 없이 최소한으로 올렸다는 걸 이성적으로는 받아들여도 마음속에서는 저항이 있는 것이다. 그래도 그게 비싸다고 생각해서 안 온다면 그 사람은 나와는 인연이 없는 것이다.

한번 올라간 가격은 내려가지 않는다

어느 직업강사의 이야기다. 그는 기업체 강의 시장에서 데뷔하기 위해 책을 썼는데, 출간 후 처음으로 "저자님, 강의에 나와주세요"라는 요청을 받았다. 강의료를 얼마로 불러야 할지 몰라서 그는 "그쪽에서 책정된 가격이 얼마인지 알려주세요"라고 했다. 30만 원이라는 대답을 들었는데, 자신에게는 첫 강의니까 차비랑 식대만 보장되면 경험을 쌓기 위해서 무조건 갈 생각이었다. 몇 번의 경험을 한 후부터 그의 몸값은 50만 원이 되었다.

그리고 나서 두 번째 책을 썼는데 이때는 기업들과 이해관계가 잘 맞아떨어져서 부르는 데가 많아졌다. 그러다가 L그룹에서 사장단 특강을 해달라고 연락이 왔고 강사료는 주시는 대로 받겠다고 대답했다. L그룹에서는 강사료를 100만 원 주겠다고 했다. 그리고 나서 한 시간 뒤에 S그룹 교육부에서 전화가 왔고, 앞서 L그룹에서 요청한 것과 같은 날에 강의를 해달라고 했다. 그는 구두 계약을 했는데 선약이 있어서 강의가 힘들다고 죄송하다고 대답했다. S그룹에서는 "거기가 어딘데요? 거기서 부르는 값의 더블로 드릴게요. 바꿔보고 안 되면 다시 연락주세요"라고 했다. 이 강사는 잠시 후 다시 S그룹에 전화해서 날짜 조정이 안 됐다고 했다. 그러자 S그룹에서는 "위약금 있습니까? 우리가 그거 부담하고 3배 드리겠습니다" 했다. 그는 하겠다고 바로 대답하고 L그룹에 전화해서 구두로 약속했던 강의를 취소했다.

그후로 이 강사는 50만 원이던 몸값이 순식간에 300만 원이 되었고 S그룹 임원 강의를 했다는 경력 덕분에 다른 곳에서도 바쁘게 불려다니는 인기 강사가 되었다.

이처럼 한 번 계기가 있어서 올라간 가격은 그대로 고정이 된다. 라면이나 과자 회사들은 국제 원자재 가격이 오르면 소비자 가격을 올린다. 우크라이나에서 전쟁이 나서 밀가루 가격이 올랐다, 인도네시아가 팜유 수출을 제한하고 있다 등의 명분이 생기면 어쩔 수 없이 소비자가 상승으로 이어진다. 그런데 원유, 밀, 옥수수 등 원자재 가격은 오르락내리락 하는 품목이다. 예를 들어 1,000원짜리 과자를 만드는 데 밀가루 원가가 200원이었다가 400원으로 올랐다고 하자. '원자재 가격 2배 상승'을 명분으로 과자 값을 1,200원으로 올린다. 아니면 과자 값 상승에 부담과 저항이 심하다고 판단될 때는 용량을 줄이거나 질소가스를 넣어 포장을 크게 보이도록 만들기도 한다. 적은 재료로 더 많은 포장을 만들어서 생산량은 그대로여도 매출은 높이는 방법을 택하는 것이다.

그 다음부터는 기다리면 기회가 온다. 사람들은 1,000원 주고 사먹던 과자를 이제 1,200원 주고 사먹는다. 전세계적으로 밀가루 품귀 현상이 생기면 그해에는 밀 농사에 사람들이 몰리고 다음해에는 공급 과잉으로 200원에 공급받던 밀가루를 100원에 공급받게 된다. 그렇게 다시 원자재 가격이 떨어지는데, 그렇다고 과자 값이 내려가지는 않는다.

물가가 오르든지 신제품을 개발하든지

장사를 하는 모든 사람들이 소비자가격에 대해서 많은 고민을 한다. 실제로 예민한 부분이기도 한데, 내가 30년 가까이 장사를 해보니 모든 고객이 가격에 예민한 것은 아니었다. 오히려 장사를 할 때 가격에 가장 예민한 사람은 사장 스스로가 아닐까 싶다. 그 불안을 극복하는 방법은 가격을 올릴 때는 제품이나 서비스에도 변화를 주는 것이다.

가격에는 상품에 대한 것과 보이지 않는 서비스에 대한 것, 두 가지가 있다. 그런데 대부분의 사장은 제품에 대한 가격만 신경을 쓰느라 서비스에 대한 가치를 등한시하는 경우가 많다. 내가 경험한 바로는 서비스의 질과 차별화에 신경 쓰면 비싸도 찾아오는 고객이 많다. 똑같은 제품에 가격으로만 승부하려고 하니까 사장이 스스로 불안한 것이다.

다만, **매장을 처음 오픈할 때는 가격을 예민하게 체크해야 한다. 주위의 경쟁 매장보다 비싸면 안 된다.** 고객들은 자신이 경험한 가격을 기준으로 새로운 매장을 평가한다. 아무리 서비스가 좋아도 자기가 알던 가격보다 비싸면 부담스럽게 생각하고 재방문을 고려하지 않는다. 오픈 초기에는 적게 남더라도 높은 서비스와 저렴한 가격으로 승부하는 것이 좋다. 이문을 남기는 것은 조금 미뤄둬야 한다.

가격 세팅을 할 때 특별한 나만의 차별화가 없으면서 비싸게 받는 사람들이 있다. 이때 어설프게 비싸게 받는 것은 피해야 한다. 비싸게 받으려면 고급화 전략으로 확실하게 비싸게 받아야 한다. 가격이 곧 제품의 차별화를 뜻하는 것으로 인식시키는 것이다. 예를 들어 옆집에서 볼펜을 100원에 파는데 나는 110원에 팔면 "비싸다" 소리를 듣는다. 그런데 200원을 받으면 '뭔가 다른가 보다' 생각한다. 어설픈 가격 차이는 오히려 위험하다. 고급화를 경쟁력으로 가져가고 싶으면 차라리 훨씬 비싸게 받으면 고객들은 비교를 안 한다. 싸게 하는 것도 마찬가지다. 어중간한 싼 가격이 아니라 확실한 싼 가격으로 승부해야 한다.

장사 초기를 지나 어느 정도 안정기에 접어들면 제품이나 서비스의 업그레이드와 함께 가격을 올릴 수 있다. 가격 상승에서

가장 주의해야 할 점은 '이 집 돈 좀 버니까 이제 가격을 올리네' 하는 기분이 들지 않게 하는 것이다. 경기가 안 좋아서 주위의 모든 업종이 가격을 올리고 있고 모든 사람들이 물가 상승을 인지하고 있다면, 때를 놓치지 말고 적당한 가격으로 올려도 된다. 별 무리 없이 인정하고 거부반응 없이 계속 방문할 것이다.

그런데 고객들 모두가 인정하는 사회적 상황인 때는 상당히 드물다. 그렇다면 두 번째 방법은 신제품을 출시하거나 이때까지 취급하지 않았던 제품을 개발하는 것이다. 나는 보통 2~3년마다 제품을 변경한다. 변화의 원칙은 지금까지보다 더 좋은 상품으로 구성하는 것이다. 그렇다고 기존 제품을 없애지는 않지만, 고객 응대를 할 때 가능하면 신제품으로 유도한다. 그래도 기존 제품이 좋다는 고객은 기존 걸 판매하면 된다. "다음에는 새로운 걸로 써보고 오늘은 기존 걸로 할게요"라면서 또 방문하는 고객이라면 무리가 없다.

장사는 예민한 고객의 만족을 끌어낼 수 있는 사람이 성공한다. 제품을 너무 자주 바꾸어도 안 된다. 2~3년 주기로 변화를 주면 가장 이상적이다. 지속적인 투자와 변화를 신경쓰면서 소비자가격을 높이는 방향으로 하면 매출도 상승하고 이익률도 높아져서 안정적인 사업체로 운영할 수 있다. 어쨌거나 장사는 남아야 계속할 수 있다.

5년짜리 인테리어 적금을 들어라

소비자가 어떤 매장에 대해서 느끼는 이미지는 매장에 비치한 제품이나 접객에서 느끼는 서비스도 영향을 미치지만, 매장의 청결 상태, 정리정돈, 변화 주기 등에서 영향을 받기도 한다. 장사하는 사람에게 매장 관리는 누구에게나 해당하고 매일 해야 하는 일이다. 매일 접객을 하기 위해 필요한 것들이 세팅돼 있어야 하는데, 아침마다 출근해서 오픈 전에 무엇을 해야 하는지 체크리스트를 만들어놓고 활용하면 좋다.

매장관리를 위해서 매일 해야 하는 일 외에도 오프라인 매장은 시즌을 타니까 분기별로 점검해야 할 것들도 있을 것이다. 봄, 여름, 가을, 겨울별로 이벤트가 있는지, 유지보수가 필요한 설비나 도구들이 있는지 체크해야 한다. 하드웨어적인 변화를 주는 것은 사장의 성향에 따라 다르게 할 수 있다. 정해져 있는 건 없지만 경제적 여건이나 주변 상황에 따라 크게 바꿀 수도, 적게 바꿀 수도 있을 것이다. 오픈할 때처럼 이때도 가장 큰 관건은 자금이다. 대부분의 사장들은 결국 돈 문제 때문에 간판조차 바꾸지 않고 그대로 장사하는 경우가 많다.

나는 10년마다 인테리어를 다시 하라고 권장한다. 그러나 현실적으로는 이게 많이 힘들다. 파리바게뜨 같은 프랜차이즈 매장들은 5년마다 본사에서 매장의 변화를 요구하는 걸로 알고 있다. 5년마다 바꾸는 게 힘들다면 10년 만에는 변화가 있어야 한다. 매장 전체를 리뉴얼하면 좋은데 그러려면 공사하는 동안 문을 닫아야 한다. 그걸 할 수 있는 사람은 현실적으로 10%가 안 될 것이다. 최소한 한 달은 영업을 안 할 텐데 그 사이에 고객은 다른 데로 가버릴 가능성이 높다. 월세, 인건비는 그대로 나가면서 인테리어 비용을 감당해야 하기 때문에 결심은 쉽지 않다.

그래서 내가 추천하는 것은 **오픈하고 나서 매달 30~50만 원씩 떼어서 인테리어 적금을 들어놓으라는 것이다.** 예를 들어 5천만 원 정도 매출이 나온다고 치면 적금으로 월 50만 원이면 매출의 1%다. 적어도 매출의 1%는 미래를 위해 양보하는 것이다. 화재보험료 낸다고 생각하고 매출에서 일정 금액을 떼어놓으면 될 것이다.

그러면 변화에 대한 용기가 생긴다. 장사를 하면서 여기 쓰고 저기 쓰고 비용을 메꾸다 보면 인테리어 비용을 갑자기 마련한다는 것은 어렵다. 그렇지만 매달 적은 금액을 떼어놓는 건 할 수 있다. 꾸준히 준비하면 5년 뒤에는 통장에 3천만 원이 있을 것이고, 웬만한 작은 매장 하나 정도는 인테리어를 바꿀 수 있다.

작은 소품만 바꿔도 새로워진다

인테리어 적금은 준비를 못하고 있는데, 이미 장사를 하고 있는 곳이라면 어떻게 해야 할까. 문을 안 닫아도 이것저것 바꿀 수 있는 아이디어는 낼 수 있다. 비용 마련이 가능한 사람이라면 조금 비싸더라도 백화점처럼 야간작업을 한다든가 부분 인테리어로 변화를 줄 수 있다.

아무래도 비용이 부담이라면 큰돈을 들이는 대신 가구를 바꾼다든지 소품을 바꿔보는 변화를 시도해볼 수 있다. 그것조차 여의치 않다면 그 다음으로 해볼 수 있는 것은 배치를 바꿔보는 것이다. 소파 위치를 바꾸는 것만으로도 색다른 느낌을 내봤던 경험이 누구나 있을 것이다. 제품 배치만 바꿔도 고객은 다르게 느낀다. 업종마다 다르긴 하겠지만 그 매장에 대해 생각하고 있는 고정된 그림이 있는데 조금만 시각적으로 변화를 주어도 "새롭다"고 느낄 수 있다. 3개월마다 또는 6개월마다 의자 위치나 소품이라도 바꾸면 신선한 변화를 느끼게 할 수 있다.

식당이라면 가격표, 메뉴판 하나만 바꿔줘도 매장은 확 달라

진다. 돈이 없다는 생각만 하면 자꾸 변화를 가로막을 수 있는데, 냅킨 한 가지, 직원들 앞치마 한 가지만 바꿔도 적은 돈으로 색다른 분위기를 연출할 수 있다. 이것은 마치 여성들의 패션과도 같다. 매년마다 다른 옷으로 바꿔입을 수는 없어도 계절이 바뀔 때마다 스카프 같은 소품을 계절에 맞게 매치하면 느낌이 새롭다. 또 액세서리만 바꿔도 새롭다는 연출을 할 수 있다. 그것이 큰돈 들이지 않고 살아 있는 매장을 유지하는 비결이다.

매장을 늘상 신선하게 유지하고 있는 곳에서는 노력하고 있다는 느낌을 줄 수 있다. 그렇게 열심히 일하는 티가 나는 곳에서 사람들은 자기도 모르게 에너지를 얻는다. 그게 아니라 얼마를 남겨서 이익을 얻겠다는 생각이 뻔히 보이는 곳에서는 고객들도 도와주고 싶은 생각이 안 든다. 작은 투자도 하지 않아서 의자에는 커피 얼룩이 묻어 있고 모퉁이에 때가 낀 게 보인다거나 바닥 타일이 깨져 있는 걸 보면 기분이 그리 썩 좋지 않다. 봄, 여름, 가을, 겨울 계절별로 화분만 바꿔줘도 매장에서 일하는 사람이나 방문하는 고객의 기분이 상쾌하지 않을까? 대신 그걸 유지하는 건 꽤나 힘들지도 모른다. 그러나 자주 오는 단골들은 그 노력을 안다.

코카콜라 같은 대기업 상품도 경복궁 버전, 벚꽃 버전, 한글 로고 버전, BTS 버전 등 패키지를 바꿔가면서 스페셜 에디션을 출시한다. 신상품 출시를 하지 않는 업종도 마케팅에서 아이디어를 더함으로써 새로움을 줄 수 있다. 365일 매일 바뀔 필요는 없지만 매장 콘셉트에 맞춰 경쟁력을 유지하려는 노력은 해야 한다. 싫증을 잘 내는 사장은 그런 면에서 유리하다.

투자금 회수와 세금 문제

우리나라에서 전체 고용인구 중 자영업자의 비율은 2018년부터 2022년까지 5년간 20% 전후를 유지하고 있다. 생산활동인구를 15~64세로 보면 어린아이와 노인을 제외하면 다섯 명 중 한 명은 장사를 하고 있는 셈이다.

이 많은 **사장들은 장사를 하면서 하나부터 열까지 모든 문제를 도와주는 사람 없이 스스로 해결해야 한다. 세금도 그중 한 가지다.** 예전에는 장사하는 사람들이 탈세를 한다고 생각하는 고정관념이 있었다. 돈을 엄청 많이 벌면서도 세금을 안 낸다는 인식이 박혀 있어서 장사꾼을 폄하하는 시선도 분명 존재했다. 그런데 지금은 2천 원짜리 아이스아메리카노 한 잔을 마시면서도 카드나 페이로 결제하기 때문에 탈세는 힘든 일이다. 현금 결제를 해도 고객들은 현금영수증을 요구한다.

국가가 현금 없는 사회를 만드는 가장 큰 이유는 세금 때문이라고 봐도 좋다. 세금을 줄이겠다고 편법을 쓰려는 시도는 지양하는 것이 상책이다. 어떻게든 세금을 안 내려고 하다가 나중에 곱절로 되돌아올 수 있다. 어설프게 절세를 도와주겠다며 영업하러 찾아오는 세무 전문가들의 말을 믿으면 안 된다. 여기에 넘어가면 감당 못할 부메랑으로 돌아올 수 있다. **될 수 있는 대로 최선을 다해 원칙대로 해야 한다.**

라이프플래너, 파이낸셜 컨설턴트, 재무설계사, 자산관리사 등의 이름으로 활동하는 보험설계사 업계에서 몇 해 전 탈세 문제로 빚을 떠안게 된 사람들이 있었다. 어느 세무사가 이분들을 상대로 영업을 했는데 절세하는 방법이 있다면서 편법을 유도한 것이다. 입증자료를 제대로 챙겨놓지 못했던 많은 보험설계사들이 몇 년치 세금을 1인당 억대로 맞으면서 곤란에 빠진 일이 있었다. 영업하러 다녔던 세무사와 사무장은 구속되고 책임져줄 사람은 없는 상태에서 결국에 그 책임과 뒤처리는 고스란히 개인들이 져야 했다. 또 그 문제를 해결하기 위해 또 다른 세무사를 찾아 수임료를 지불해야 하는 이중고에 시달렸다고 한다.

절세는 합법적이고 탈세는 불법적인 일이라고 생각하는 것이 보통 사람들의 생각이다. 그런데 따지고 보면 “내가 하면 로맨스고 남이 하면 불륜”이라는 말과 비슷하다. 아무리 절세를 했다고 해도 세무조사를 하면 코에 걸면 코걸이, 귀에 걸면 귀걸이가 된다. 절세와 탈세는 사실 근본적으로 같다고 보는 게 맞다. 요새는 “내가 입으면 빈티지고 남이 입으면 빈티 난다”는 말도 있다. 절대 절세를 빌미로 유혹하는 말에 빠지지 말아야 한다. **더군다나 장사는 들어오고 나가는 돈이 뻔해서 결국엔 절세 비법이라는 게 없다.**

매입 증빙자료를 현금 보듯 하라

세금은 무조건 투명하게 처리해야 한다. 지금은 현금이 쌓이는 장사를 했던 시대와 달라서, 자영업자들이 절세를 해봐야 얼마 차이가 안 난다. 매출에 대해서 누락했다가 더 큰일이 날 수 있기 때문에 실수로 벌어지는 일도 조심해야 하고 100% 완벽하게, 꼼꼼하고 철저히 해야 한다.

매출에서 자영업자가 절세를 하는 방법은 없기 때문에 매입 부문에서 증빙자료를 일일이 철저하게 챙기는 것이 절세 방법이 될 수 있다. 매입전표를 끊고 확실하게 비용 처리를 하지 않으면 모두 개인소득으로 간주되기 때문에 매입 자료가 없으면 내 돈으로 그 대가를 치러야 할 수 있다.

재료를 매입할 때 “현금 결제하면 싸게 해줄게”라는 유혹을 받고 증빙자료 없이 현금으로 사가지고 오는 경우가 있다. 큰돈이건 작은 돈이건 그렇게 거래하는 것은 피해야 한다. 특히나 사업화할 계획을 가지고 있는 사람이라면 더더욱 그렇다. 매입이 됐든 매출이 됐든 증빙자료들은 그대로 그 매장의 기록이고 역사다. 회계 기록은 그 매장을 둘러싼 경제활동의 중요한 발자취다. 100% 투명하게 적격한 증빙을 받고 매출 신고를 하고 매입 증빙을 철저하게 챙겨야 한다.

절세에 비법이란 없다. 잘못하면 나중에 다 걸리는 게 아니라 거의 다 걸린다. 여기서 100%라고 말하지 못하는 건 내가 혹시 모르는 일이 있을까 봐 그런 것일 뿐이다. 장사를 오래 하려면 투명하게 운영해야 한다. 시대가 바뀌었다. 그런 걸로 절약하려고 하다가 에너지를 뺏기면 좋을 것도 없다. 그걸 아깝게 생각하지 말고 소상공인도 기업이 세금 관리를 하는 것과 똑같이 투명하게 하면 될 일이다.

세금은 내가 번 만큼만 내는 것이다. 1천만 원을 벌었는데 1천만 원 또는 그 이상을 세금으로 거둬가는 경우는 없다. 번 만큼만 세율에 따라 내는 것이니까 너무 겁먹지 말고, 매출도 매입도 성실하게 자료를 마련해두면 된다. 그게 세금관리의 핵심이다.

매장을 넓힐까,
2호점을 낼까

아주 잘 되는 만두가게가 있었다. 매일 아침 6시면 출근해서 만두소를 만들어놓고 전날 절여놓은 배추로 겉절이 김치를 버무렸다. 아침 9시30분부터 만두를 빚으면 10시부터 판매할 수 있었다. 동네 맛집으로 입소문이 나서 손님은 꾸준히 늘었고 아침 일찍부터 재료 손질하는 소리가 들린다는 이야기가 퍼지자 단골들은 이 만두가게 사장을 신뢰했고 도와주고 싶어했다. 매출은 점차 안정적으로 유지됐고 3년 만에 매장이 자리가 잡혔다.

그때부터 만두가게 사장은 장사에 자신감이 붙었고 결국 2호점을 내야겠다는 결심을 한다. 『진심을 대접합니다』라는 책의 하안동 만두가게 사장 이야기다. 그는 가산동에 2호점을 내고 정말 열심히 일했다. 그의 표현에 의하면 "장사를 하다 보면 내 안의 근거 없는 자신감이 불쑥 솟아난다"는 것이다. 누구나 잘 되기 시작하면 자기만의 감정이 올라온다. 그런데 이게 독이 되는 감정일 때가 있다. 정도가 지나쳐서 자기 감정에 스스로 속는다. 경험 많은 내가 하면 잘 될 것이라는 이상하리만치 지나친 자신감이다. 이 만두가게 사장도 가산동에 냈던 2호점을 3년간 버텨보다가 폐점하고 말았다.

또 다른 가게로 막국수 집 이야기가 있다. 손님들이 항상 줄을 서서 기다리니까 웨이팅 리스트를 만들었고 대기 시간이 2시간씩 걸렸다. 그러다 도로 수용 문제로 근처로 매장을 옮기게 됐다. 미리 손님들에게 몇 달 전부터 광고를 했는데 다들 "기다리는 사람이 워낙 많으니까 분명히 규모를 넓혀서 갈 거야"라고 예상했다. 그런데 그 집 사장의 행보가 의외였다. 새로 이사한 매장은 2배 규모로 넓어진 집이 아니었고 거의 비슷한 수준의 크기였다. 다만 주변 주차장을 섭외해서 주차 규모를 2배로 넓혔을 뿐이었다.

단골 손님이 "왜 매장을 더 키우지 않았나요?" 했더니 젊은 사장 부부는 이렇게 대답했다. "매장을 키우고 손님이 더 많이 오게 되면 우리가 제공할 수 있는 서비스 질이 떨어집니다." 사장 부부는 이미 하루 매출을 1천만 원 정도까지 올리고 있었기 때문에 더 이상 욕심 부릴 생각이 없다고 했다. 자신들이 할 수 있는 건 딱 거기까지이며 현재까지도 2호점 계획은 없다고 한다. 그 집

단골들은 여전히 1, 2시간을 기다려서 막국수를 먹고 있고, 가게는 예약조차 받지 않는다.

매장을 하나 더 하면 수익은 두 배가 될까?

장사가 정말 잘될 때 매장을 하나 더 내면 수익이 2배가 될 것 같지만 그게 단순히 계산대로 흘러가지는 않는다. 5천만 원 매출이 나오는 매장이 두 개라면 1억을 벌 것이라고 기대하지만 막상 해보면 그게 안 된다. 매장이 두 개가 되면 지출은 늘고 수입은 줄어든다. 업종마다 다를 수는 있지만, 사장이 자신의 실력으로 매장을 키웠어도 2호점을 냈을 때 본점의 매출을 유지하면서 2호점까지 키워내는 데에는 한계가 있다. 내 몸을 쪼갤 수는 없기 때문에 2배 수익이 아니라 1.5배의 수익만 유지해도 잘하는 것이다. 고생은 고생대로 하고 한 개 매장은 주인이 빠지니까 그만큼의 손실이 나는 것이다.

업종에 따라 적절한 시스템을 만들어낸 사람이 아니라면 2호점 운영은 힘든 일이다. 특히 공산품을 팔기만 하면 되는 스토어 형태가 아니라 인력을 투입해서 서비스를 보태야 하는 샵의 형태라면 더욱 신중히 생각해야 한다. 예를 들면 편의점은 매장 두 개를 해도 잘하는 사람이 있겠지만, 헤어샵은 힘들다. 불쑥 자신감이 올라오더라도 신중하게 생각해야 한다.

많은 사람들이 '직원을 써서 매장관리를 하면 될 거야'라는 생각을 흔히 한다. 그런데 기존의 직원들도 말을 안 듣고 통제가 안 되는 경우가 비일비재하기 때문에 쉽게 할 수 있는 일은 아니다. 설사 어찌 어찌 유지를 한다고 해도 여러 매장을 다니면서 수금만 해도 날이 저무는 상황이라면 돈은 더 벌 수 있을지 모르지만 일하는 보람이나 직업적 사명감은 없어진다. 어느 날 갑자기 직원 때문에 멘붕이 오는 상황이라도 생기면 '내가 일수놀이 하는 사람도 아니고 지금 뭐하는 짓이지' 싶은 생각에 자괴감이 몰려온다. 젊을 때는 사업을 키워야 하니까 그렇게 할 수도 있는데, 인생이 부질없다 느낄 만큼 마음이 힘든 날이 오기도 한다. 존재감이나 소속감도 없어지고 이 매장 저 매장 문제가 터진 걸 해결하러 다니다가 멘털은 깨지고 체력은 고갈된다.

업종에 상관없이 2호점을 낼 때는 1호점보다 업그레이드된 콘셉트나 기술이 있을 때 시도하기를 바란다. 1호점에서 했던 그대로 하면 안 된다. 1호점에서 아쉬웠던 점, 부족한 점을 수정 보완해 고객들이 더 만족할 만한 것을 찾았을 때 2호점을 시도해야 성공 확률이 높아진다.

2호점을 해보고 싶다면 나는 젊었을 때 시도하라고 말하고 싶다. 일단 체력적으로 차이가 난다. 50대 이후에는 매장 하나를 하는데도 체력이 달려 일을 벌이는 게 힘들다. 직원들에게도 항상 말하고 있지만 장사하는 사람에게 제일 중요한 것은 체력이다. 매장이 늘어나면 관리해야 할 직원도 많아지면서 문제가 여기저기에서 터진다.

사업화를 고민한다면

2호점을 고민할 때 '사업화할 것인가'는 처음부터 가장 큰 고려사항이 돼야 한다. 그렇지 않다면 욕심내지 말고 매장 하나만 잘 운영하는 쪽을 추천한다. 결코 비례적으로 수익이 오르는 건 아니지만 그 대신 사업화를 고민한다면 시도해보는 것이 맞다. 2호점을 통해서 내가 사업가의 기질이 있는지 비전이 있는지 판단하면 된다. 1, 2호점을 성공시키고 동시에 운영이 잘 된다면 3호점이 혹시 망하더라도 충분히 버틸 수 있다. 손 털고 4호점을 시도했을 때 부담이 없다.

사업화 가능성을 타진하며 2호점을 할 때는 처음보다 2배 정도 큰 규모로 해볼 것을 권한다. 똑같은 크기, 똑같은 콘셉트로 하는 걸로는 자신의 능력을 시험하기에 적합하지 않다. 1호점을 해본 결과 느꼈던 걸 바탕으로 더 좋은 걸 만들었을 때 사업가로서의 자신감이 생길 것이다. 예를 들어 만두집 해서 성공했으니까 그대로 옆 동네에서 또 하면 될 거라고 생각했다가 실패한 사람이 많다. 아무리 맛있어도 상권이 달라지면 생각지도 못한 변수 때문에 안 먹히는 경우가 많다.

2호점을 낼 때는 이전의 성공 노하우를 잊고 차원이 다른 걸 한다고 가정하고 준비해야 한다. 고객이 다르니까 니즈가 다르고 전략도 새로 짜야 한다. 앞의 만두집 사례는 3년 동안 2억 원가량 적자를 냈다고 하는데, 3년이면 오래 버틴 셈이다. 장사에 선수인 사람은 빨리 승부를 걸고 아니다 싶으면 빨리 접는다. 적자가 난다면 반드시 1년 안에 접을 것을 결정해야 한다. 시간이 끌수록 리스크는 커진다. 2호점을 비슷한 규모로 하거나 더 작은 규모로 하면 망했을 때 미련이 남는다. 2호점을 크게 하다가 혹시 망했다면 외부 환경 탓을 하면서 미련을 남기지 않을 것이다. 혹시 내가 돈을 더 들여서 매장을 더 크게 했으면 됐지 않았을까, 생각하기 시작하면 나중에 같은 실수를 반복하고 만다.

지금 하고 있는 장사가 잘 돼서 키우고 싶거나 2호점을 내고 싶을 때는 똑같이 장사 마인드로 접근하는 것이 아니라 사업을 하는 것이라는 관점의 전환이 필요하다. 2호점을 한다는 건 앞으로 사업화할 것인가 아닌가 중요한 기로가 되는 사건이다. 슈퍼마켓처럼 공산품을 파는 스토어라 할지라도 정해진 상품을 지점마다 똑같이 공급하지는 않는다. 과자를 진열하더라도 동네마다 클래식한 옛날 과자가 잘 팔릴 수도 있고, 새로 나온 신상품 과자가 잘 팔릴 수도 있다. 물론 매장 규모도 중요하겠지만, 동네 주민의 인구 구성비에 따라 판매예측을 할 수 있는 사람이 2호점, 3호점을 성공시킬 수 있을 것이다.

장사를 잘 아는 사람은 오히려 욕심을 안 부린다. 내가 할 수 있는 것과 한계가 있는 걸 알고 장기적인 플랜을 짠다. 일 매출,

월 매출을 늘리는 것보다 장사를 길게 할 수 있는 선택이 결국엔 좋은 선택이다. 그래서 장사는 길 장(長) 자를 써서 장사(長事)라고 생각해야 한다.

3분 요약 체크–Chapter.6 보이지 않는 숫자의 법칙

◎ 임대료는 얼마나 예산을 잡아야 할까? 일반 소매점에서 보통은 15~20% 정도 보면 적당하다. 매장의 적정 투자 금액은 보통 연 예상 매출액의 50% 정도로 보면 오차 범위에서 크게 벗어나지 않는다. 하지만 요즘은 임대료가 너무 높아져서 15% 이상 되는 곳도 많다. 그리고 매장의 정확한 파악을 위해 손익분기점 계산과 계수관리는 꼭 하면서 상사하면 영업이익 확대에 도움이 된다.

◎ 초보 사장이 실수를 줄이는 법. 초보일수록 숫자에 빠지면 안 된다. 장사하다가 정산해보면 남을 때도 있고 안 남을 때도 있다. 여기에만 안절부절못하다 보면 장사로 성공 못 한다. 초보 사장이 기준으로 잡아야 할 것은 무조건 고객 만족이다. 또한 수치 계산보다 더 먼저 습득해야 할 것은 단골을 늘리는 방법이다.

◎ 장사는 안 돼도 걱정, 잘 돼도 걱정. 매장 입지를 정하고 초기 투자금을 마련해 계약하고 나면 인테리어를 한다. 하지만 장사가 잘되면 집주인은 자기 건물이 자리가 좋아서 잘 되는 줄 알고 월세를 올린다. 따라서 나는 10년 장기 계약으로만 임대를 한다. 그 전에 나가면 투자금을 회수하지 못하고, 딴 데 옮겨가도 인테리어는 또 해야 하기 때문이다.

◎ 월세 인상이냐, 매장 이전이냐. 자리 좋은 매장은 월세를 올려주더라도 그대로 하는 것이 가장 현실성 있다. 불가항력으로 이전을 하게 됐다면 매장 규모는 비슷하거나 넓혀서 가는 것이 좋다. 불가피하게 이전을 결정했다면 단골 관리를 철저히 하든지 아니면 새로운 타깃으로 처음부터 새로 시작하는 마케팅으로 전력해야 한다.

◎ 가격을 올리는 데는 명분이 필요하다. 물가가 오르면서 재료비도 오르고 월세도 올라서 처음 설정했던 가격으로는 유지가 안 될 때가 있다. 이럴 때 가격을 올려버리면 기존의 고객들이 이탈할 위험이 커진다. 가격을 올릴 때는 무조건 명분이 있어야 한다.

◎ 5년짜리 인테리어 적금을 들어라. 대부분의 사장들은 돈 문제 때문에 간판조차 바꾸지 않고 그대로 장사하는 경우가 많다. 나는 5년마다 인테리어를 다시 하라고 주장한다. 5년마다 바꾸는 게 힘들다면 10년 만에는 변화가 있어야 한다. 오픈할 때처럼 이때도 가장 큰 관건은 자금이다. 그래서 나는 오픈하고 나서 적어도 매달 매출의 1%는 미래를 위해 양보하여 인테리어 적금을 들어놓기를 추천한다.

◎ 투자금 회수와 세금 문제. 세금을 줄이겠다고 편법을 쓰려는 시도는 지양하는 것이 상책이다. 어떻게든 세금을 안 내려고 하다가 나중에 곱절로 되돌아올 수 있다. 될 수 있는 대로 최선을 다해 원칙대로 투명하게 처리해야 한다. 매입부문에서 증빙자료를 일일이 철저하게 챙기는 것이 절세 방법이 될 수 있다.

◎ 매장을 넓힐까, 2호점을 낼까? 장사가 정말 잘될 때 매장을 하나 더 내면 수익이 2배가 될 것 같지만 그게 단순히 계산대로 흘러가지는 않는다. 매장이 두 개가 되면 지출은 늘고 수입은 줄어든다. 업종에 상관없이 2호점을 낼 때는 1호점보다 업그레이드된 콘셉트나 기술이 있을 때 시도하기를 바란다. 1호점에서 했던 그대로 하면 안 된다. 2호점을 해보고 싶다면 나는 젊었을 때 시도하라고 말하고 싶다. 일단 체력적으로 차이가 난다. 2호점을 고민할 때 '사업화할 것인가?'는 처음부터 가장 큰 고려사항이 돼야 한다. 그렇지 않다면 욕심내지 말고 매장 하나만 잘 운영하는 쪽을 추천한다. 장사를 잘 아는 사람은 오히려 욕심을 안 부린다. 내가 할 수 있는 것과 한계가 있는 걸 알고 장기적인 플랜을 짠다.

에필로그

매장은 살아 있는 '생물'과 같다

『장사의 원리』 시리즈 '사장 편'에서도 말했듯이 장사는 매장의 자리만 잘 잡으면 끝나는 것이 아니다. 그 자리가 가져다주는 매출도 있지만, 사장이 어떻게 하느냐에 따라 매출은 극대화될 수 있다. 매장을 세팅할 때도 역시 사장이 어떤 역량을 발휘하느냐에 따라 결과는 달라진다.

처음에 어떤 장사를 할지 매장을 세팅할 때 선택사항이 있다. 내가 어떤 콘셉트를 잡느냐에 따라서 이후 향방도 달라진다. 이 콘셉트에 따라서 인테리어도 맞추고 상품 구성도 맞춰야 한다. 흔히 가격대를 중저가로 하느냐, 고가로 하느냐에 따라 두 가지 선택으로 나뉜다. 장사 초보들은 박리다매(薄利多賣)를 선택해 마진을 줄이되 많이 팔고 고객 수를 늘리는 방법을 선택하는 경우가 많다. 반면에 장사의 고수들은 상품이나 서비스를 전문화해서 콘셉트를 명확히 한 다음에 고객을 줄이는 전략을 쓴다. 자신이 잘하는 프레임을 짜서 고급화시킨 다음, 거기에 맞는 고객만 받는 것이다. 그 외에 타깃에서 벗어난 고객들은 신경쓰지 않는다. 그렇게 되면 매장이 전체적으로 사장이 만든 프레임 안에서 움직이기 때문에 스트레스도 덜 받고 편하게 장사할 수 있다.

두 가지 방법을 비교하면 싸게 많이 파는 박리다매는 여러 타깃의 고객들을 모을 수 있다는 장점이 있고, 고가로 적게 파는 후리소매(厚利小賣)는 전체적으로 보면 타깃층이 얕다. 마진을 많이 보고 적게 파는 것이라서 초보들이 이걸 보고 따라하면 장사가 어렵고 힘들 수도 있다. 매출을 극대화하기가 어렵다는 약점이 크게 작용할 수 있다.

그런데 이 두 가지 방법을 모두 구사하는 장사의 도사들이 있다. 그들은 처음에는 박리다매로 시작해서 많은 타깃의 고객을 모아놓고 고수가 쓰는 단계로 넘어간다. 서로 다른 방식이지만 사장에게 판을 바꾸는 역량이 있어서 서서히 시간을 들여서 고객층을 바꿔나간다. 장사 초보들은 싸게 팔다가 비싸게 받으면 손님이 다 떨어나갈까 봐 겁이 나서 바꾸지 못한다. 비싸게 팔던 사람들도 역시 싸게 파는 걸로 바꾸는 건 어렵다. 인건비도 안 나오는데 박리다매는 힘들다는 것이다. 그렇지만 나는 이 책에서 처음에는 박리다매로 하다가 후리소매로 바꾸는 믹스형을 세 번째 방법으로 제안한다.

앞에서 매장은 생물을 키우듯이 관리하라고 했다. 매장을 처음 세팅할 때 저가이든 고가이든 어떤 식으로든 정한 뒤에 장사를 시작하고 계속해서 변화를 주고 리뉴얼해야 한다. 기왕 지속적인 변화를 줘야 한다면 다양한 고객을 유치하고 대중화된 걸 하면서 고가, 중가, 저가의 여러 가지 상품을 취급하면 고객층이 두터워질 것이다. 그러면 일하는 사람은 장사가 힘들지만 큰돈을 벌 수 있다.

대부분은 처음에 박리다매로 장사를 시작하면 계속해서 박리다매를 유지하는 것이 보통이다. 이걸 고가 상품을 파는 장사로 옮겨갈 수 있는 사람은 많지 않다. 그러나 박리다매에서 후리소매로 넘어가는 방법을 장사 초기부터 연구하고 시도해보면 좋겠다. 고객층을 많이 확보해놓고 이윤을 크게 남기는 콘셉트로 바꾸는 것이기 때문에 매출을 극대화하기에 좋다. 저가 고객층을 그대로 둔 채 고가 고객도 늘려나가는 것이기 때문이다.

나의 경우 의왕시 아이데코 안경원을 시작할 때 박리다매로 시작했다. 처음에는 고가 고객층이 거의 없었다가 5년이 지나고 6년 지나면서부터 서서히 고가 상품을 늘리기 시작했고 지금은 그 고객층을 많이 확보했다. 그렇다고 해서 저가 고객이 없는 것이 아니다. 저가, 중가, 고가 고객층이 적정선에서 틀이 잡혀 있다. 저가 고객들은 그 수가 줄었지만 고가 고객 수가 늘었기 때문에 매출로 보면 훨씬 높아져 있다. 경영하는 입장에서도 안정적으로 바뀌었다.

앞으로 장사에서 박리다매는 더욱 어려워질 것이라고 생각한다. 장사에서 비용은 대부분 인건비인데 사람을 쓰는 게 어려워졌고 박리다매로 이익을 남기기는 너무나 힘들기 때문이다. 시대의 변화를 헤쳐나가기 위해 무인 가게를 하거나 직원 수를 줄이는 시도도 많이 이뤄지고 있다. 우리 안경원은 직원 수를 반으로 줄였는데, 매장이 외곽 지역에 위치해 있는데도 직원 한 명당 매출액은 오히려 늘었다. 이 이야기는 시리즈 다음 책으로 고객편, 직원 편에서 이어갈 것이다.

장사를 시작할 때 고급화 콘셉트로 세팅하는 건 좋은 방법이다. 나 역시 찬성이지만 욕심을 좀 더 부려보자면 저가 상품으로 시작했다가 고가 상품을 점점 늘리는 방법으로 고객층을 두텁게 만들 수 있다는 것도 알려주고 싶다.

지금 시대에 장사의 수명은 상당히 짧아졌다. 5년쯤 장사를 하다 보면 상품 구성과 고객층을 바꿔봐야겠다는 생각이 들 수 있다. 그런데 박리다매 장사를 하던 사람이 후리소매로 바꾸는 건 참 어렵다. 나의 경우에는 다양하게 장사를 여러 형태로 해봤기 때문에 확신이 있었지만, 그렇지 않다면 '비싼 거 들였다가 손님들 다 떨어지는 거 아냐? 아무도 안 사서 망하면 어떡해'라는 심정이 된다. 불안해서 시도를 못한다.

만약 '나는 잘하는 걸 계속 하겠다'는 사람이라면 남이 한다고 해서 따라가면 안 된다. 굳이 욕심 내지 말고 자기 페이스를 유지하면 된다. 그러나 박리다매만 했어도 고급화 장사를 해보고 싶다면 매장을 조금씩 바꿔가면서 테스트해볼 필요는 있다. 전문화에 대한 확신과 고가 시장에 대한 신념이 있으면 옮겨가면 된다. 이렇게 저가에서 고가로 옮겨가는 데에도 3년은 걸린다. 그 시간에 대한 확신을 가지고 추진하면 된다.

장사의 선수들은 벤치마킹도 잘 하지만 용기 있는 행동가들이다. '일도씨 닭갈비'는 흔한 춘천닭갈비 스타일을 탈피해 레스토랑을 벤치마킹한 곳이다. 닭갈비를 먹기 전에 스프를 내오고 김치와 치킨무 대신 콜슬로와 피클을 곁들이는 세팅으로 새롭고 깨끗한 이미지를 얻어 성공했다. 직영점만 하는데 서울 방배동의 닭갈비 집이 잘 되니까 옆에 한우대창 집을 같은 콘셉트로 열었다. 그런데 한우대창은 닭갈비와 달리 객단가를 맞추지 못해서 손님들이 느끼기에 다른 한우대창 집에서 경험했던 서비스

레벨과 차별화가 되지 못했다. 시스템은 닭갈비와 똑같은데 '이 돈 주고 이거 먹으려고 여기 왔나?' 싶은 생각을 하는 사람이 많았다. 그 집은 오래 안 가 6개월을 넘기지 않고 곧 매장을 접었다. 똑똑한 판단이었다. 보통 사람들은 '이건 안 되는 거다'라는 결론을 내리고 '공부했다 치자' 하고 폐점 결단을 내리는 게 어렵다. 미련이 뚝뚝 떨어지다가 손해를 키운다.

그래도 매장은 변화라는 생명수를 먹고 성장한다. 매장의 변화와 새로운 시도가 '여긴 열심히 하네'로 인식되면 고객은 긍정적으로 바뀐다. 이런 고객의 특성을 좀 더 공부하면 장사 초보라도 성공 확률을 확실히 높일 수 있다. '나만 잘하면 손님은 오게 돼 있어'라고 쉽게 생각하는 사람이 많은데, 매출을 올리기 위해서는 고객에 대해 깊게 연구하고 고민해봐야 한다. '사장 편'에서 자기관리를 배우고 '매장 편'에서 공간과 마케팅을 익히고 나면 '고객 편'에서 사람에 대한 이해를 높이기 바란다. 소비가 얼어붙은 시대에도 살아남는 탄탄한 장사 노하우를 얻어갈 것이다. 장사에 도전하는 여러분의 건승을 기원한다.